홍대 앞은 왜
홍대를 다니지 않는
사람들로 가득할까

홍대 앞은 왜
홍대를 다니지 않는
사람들로 가득할까

펴낸날 2020년 8월 14일 1판 1쇄

지은이 장기민
펴낸이 강유균
편집위원 이라야
기획·홍보 김아름
교정·교열 이교숙, 양다은
경영지원 이안순, 최은정
디자인 현애정
마케팅 신용천

펴낸곳 리드리드출판(주)
출판등록 1978년 5월 15일(제 13-19호)
주소 경기도 고양시 일산서구 고양대로632번길 60, 207호(일산동, 대우이안)
전화 (02)719-1424
팩스 (02)719-1404
이메일 gangibook@naver.com
홈페이지 www.readlead.kr
포스트 https://post.naver.com/gangibook

ISBN 978-89-7277-338-2 (03320)

* 잘못된 책은 바꾸어 드립니다.
* 책값은 뒤표지에 있습니다.

이 도서의 국립중앙도서관 출판예정도서목록(CIP)은 서지정보유통지원시스템 홈페이지(http://seoji.nl.go.kr)와 국가자료공동목록시스템(http://www.nl.go.kr/kolisnet)에서 이용하실 수 있습니다.

홍대 앞은 왜 홍대를 다니지 않는 사람들로 가득할까

널리 세상을 이롭게 하는 디자인경제

글·그림 **장기민**

리드리드출판

프롤로그

생활경제 속 숨은 디자인을 찾아라

어느 날 홍대 앞을 걷다가 문득 이런 생각이 들었다. '홍대 앞 수많은 사람 중 정작 홍대를 다니는 사람은 과연 몇이나 될까?' 홍대 앞을 걷는 나 역시도 홍대와 아무런 관련이 없는 사람이다. 건대 앞도 마찬가지다. 요즘 핫플레이스로 분류되는 곳은 지역의 정체성과 타깃층이 명확하다. 홍대 앞 상권은 지금도 홍대를 찾는 젊은이들을 향해 최적의 마케팅을 하고 있으며, 이를 통해 그들의 지갑을 여는 데 성공하고 있다.

디자인을 전공하고 경영에 몸담고 있는 필자는 '디자인'이라는 경로를 통해 '비즈니스'의 목적을 이루어 가는 과정에 익숙해 있다. 디자인 매니지먼트, 디자인 씽킹, 서비스 디자인 등 이제는 디자인이 경영활동의 일부가 될 정도로 그 인식이 확대되고 있다. 실제로 디자인 경영을 통해 성공한 기업들이 심심치 않게 미디어에 소개되며 디자인의 필요성을 더욱 실감케 한다.

디자인 활용의 범위는 모두 경영의 주체를 위한, 즉 사업의 성공을 이루려는 사람을 위함이라고 생각한다. 사업의 기본 목적이 수익 창출인 점으로 미루어볼 때, 사업의 성공과 실패는 "소비자의 지갑을 얼마나 잘 열게 하느냐."로 판가름난다. 나는 디자인 씽킹이 돈을 쓰는 소비자의 편이 아닌 누군가 돈을 쓰게 만드는 사업가의 편에만 서 있다는 걸 깨달은 뒤, 곧바로 소비자의 편에 서기로 했다. 돈을 버는 비즈니스의 수단으로만 활용되던 디자인의 개념이 경제활동을 하는 소비자를 위해서도 활용될 수 있다는 점이, 이 책을 통해 독자들에게 잘 전달될 수 있기를 바란다.

경영자뿐만 아니라 소비자들도 충분히 사고하기를 원하는 마음으로 쓴 칼럼들은 '매일경제', '조세금융신문', '중부일보' 등의 미디어에 연재되었으며 국민대와 명지대 등의 대학에서도 디자인경제를 전할 수 있게 되었다. 또한 10대 청소년에게 올바른 경제관념을 심어주기 위한 '청소년을 위한 디자인경제학' 칼럼도 청소년 전문 매거진에 꾸준히 연재 중이다.

"널리 세상을 이롭게 하라."는 '홍익인간'의 이념에 디자인을 더하여 "디자인으로 세상을 이롭게 하라."는 '홍익디자인간'이라는 새로운 개념으로 접근해보았다. 디자이너에게는 쉽게 다가갈 수 있는 경제 관념이 전달되고, 경제인에게는 디자인이라는 문턱이 그리 부담스럽지만은 않았다는 점을 느끼게 하고 싶었다.

이 책은 소비자의 편에서 쓰기 시작했지만, 소비자도 언제든지 창업을 통해 사업가가 될 수 있다는 점을 염두에 두었다. 사업가의 입장에서 일할 땐 소비자의 돈을 벌어들이지만 일을 마치고 퇴근하는 길, 집 앞에서 고등어를 살 땐 다시 소비자로 돌아간다는 유기적인 관계의 틀에 주목하여 글을 썼다.

이 책을 읽는 독자들에게 돈을 잘 버는 디자인 못지않게 돈을 잘 쓰는 디자인도 중요하다는 점이 잘 전달되기를 바란다.

장기민

차례

#03 생활을 이롭게 하는 디자인경제

#04 관계를 이롭게 하는 디자인경제

#05 소득을 이롭게 하는 디자인경제

#06 생각을 이롭게 하는 디자인경제

#07 동네를 이롭게 하는 디자인경제

#08 비즈니스를 이롭게 하는 디자인경제

#01

넓은 세상의 이로운 접근법, 디자인경제

홍대 앞을 학교 앞으로 인식하지 않는 우리

인식경제학

2호선 신촌역을 포함한 신촌 거리는 연세대의 소유가 아니다. 하지만 연세대 학생들은 신촌 거리를 학교 앞 공간으로 인식하며 자연스럽게 이용하고 있다. 어떠한 사람도 이러한 현상에 대해 이의를 제기하지 않는다. 서강대와 이화여대를 비롯한 다른 대학이 신촌역 부근에 있지만 누군가로부터 "신촌에 있는 학교를 다닌다."라는 말을 들으면 연세대를 우선 떠올리게 된다. 이는 개인의 편견일까, 아니면 자연스러운 인식의 결과일까?

2호선 홍대입구역은 홍대 재학생의 교통편의를 제공한다는 목적이 있다. 누군가 학교 수업을 받으러 가기 위해 홍대입구역에서 내린다면 그 사람이 홍대 학생이라고 자연스럽게 인식할 수 있는 근거가 되기도 한다. 하지만 아이러니하게도 젊은이들로 가득한 홍대 앞 거리에서 정작 '홍대생'을 찾기는 하늘의 별 따기만큼 어렵다. 이미 우리 머릿속에 홍대 앞은 젊은이들의 핫플레이스로 인식되어 있기 때문이다. 그래서 누군가 홍대 앞에서 만나자는 약속을 잡아도 "왜 굳이 남의 학교 앞에서 만나려 하느냐."라고 이의를 제기하지 않는다. 만약 누군가 이런 식으로 이의를 제기한다면, 우리에게 일반적으로 통용되는 상식에서 벗어난 사고를 하는 사람으로 간주될 것이다.

이미 우리 상식에 홍대입구역을 비롯한 홍대 앞 젊음의 거리는 홍대라는 학교를 위한 장소가 아니다. 홍대 앞에서 만나고 젊음을 즐기려는 사람들은 홍대를 머릿속에 떠올리며 홍대 앞에 가지 않는다. 신촌역의

경우에는 역 이름 어디에도 연세대의 흔적을 찾을 수 없음에도 연대생들은 신촌 거리를 누비고 있고, 홍대입구역 이름에 홍대가 분명히 명시되어 있음에도 불구하고 홍대 앞은 홍대를 다니지 않는 사람들로 이미 가득 차 있다.

디자인경제학의 인식경제에서는 사물이나 관계에 대한 명시나 규정보다 사람들의 일반적인 인식에 따른 결과가 더 큰 경제적 효과를 가져온다고 말한다. 만약 친구들과 잠실에 놀러 간다면 롯데월드가 먼저 떠오르고, 용인에 놀러 간다고 하면 에버랜드가 자연스럽게 떠오르듯이 경제효과는 인식 속에서 먼저 시작되어 개별적 경영활동을 통해 다듬어진다. 누군가 홍대 앞에 흥미로운 큰 상점을 차린 뒤 핫플레이스가 되기 위한 노력을 한다면 그건 개별적 경영활동이 된다. 하지만 그 이후 누군가는 '홍대 앞에 이런 흥미로운 상점이 있다.'라는 인식을 하게 될 것이다. 그 인식을 통해 골목 경제가 발전하고 지역경제가 발전하게 되는 효과를 거둘 수 있게 되는 것처럼 말이다.

단국대는 경기도 용인의 지금 위치로 오기 전까지 소위 부자 동네라 일컫는 서울시 용산구 한남동에 소재해 있었다. 하지만 사람들은 단국대를 부자학교로 인식하지 않았다. 심지어 90년대 말에 있었던 IMF 때는 대학 중 가장 먼저 부도가 난 학교이기도 했다. 하지만 단국대는 한남동의 부지를 매각한 뒤 큰 수익을 얻어 경기도 용인 죽전동으로 보금자리를 옮겼다. 학교가 자리하고 있던 한남동 부지에는 현재 서울에서 가장 비싼 아파트인 한남 더힐이 세워졌다. 단국대가 터를 옮긴 죽전동 역시 주변의 판교, 광교, 수지 등의 지역발전과 함께 지역의 실질적 경제가치가 상승하고 있다. 하지만 여전히 대다수의 국민들은 단국대를 부자학교로 인식하지 않는다.

홍대는 홍대 앞 상권의 발전을 통해 학교 주변이 발전하는 경제적 효과를 거두고 있다. 하지만 홍대를 다니지 않는 사람들은 학교를 전혀 염두에 두지 않은 채 홍대 앞에서 약속을 잡고 홍대 앞에서 경제활동을 한다. 서로 다른 목적으로 인식경제학이 적용되고 있는 것이다.

한 번 각인된 인식은 쉽게 변하지 않는다. 우리 각자는 타인에게 지금 어떤 모습으로 인식되어 있는지, 또한 그 인식을 디자인하기 위해서는 어떠한 노력을 해야 하는지 점검해야 할 때다.

판단이
미래를 바꾼다

퍼스널 브랜딩 경제학

2014년 9월, 강남구 삼성동 코엑스 앞 한전 부지의 입찰경쟁이 있었다. 당시 국내 재계 순위 1, 2위인 삼성과 현대자동차가 이 입찰에 참여했다. 입찰은 공식적인 부지 감정가만 3조 원이 넘는다는 관측이 먼저 언론을 통해 공개되어 온 국민의 관심을 집중시켰다. 국민은 삼성과 현대차가 과연 얼마를 적어낼지 궁금해했다. 결과는 삼성이 5조 원에 못 미치는 금액을, 현대차는 10조 원이 넘는 금액을 배팅했다. 결국 한전 부지의 주인은 현대차가 되었다.

입찰이 끝난 후에도 적지 않은 논란이 있었다. 언론에서 삼성을 향해 입찰액이 현저히 낮았던 이유를 질문하자, 삼성은 해당 부지에 5조 원이

넘는 금액을 투자할 가치를 느끼지 못했다고 답했다. 반면 현대차의 주주들은 5조 원만 넘어도 입찰에 성공할 수 있었는데도 불구하고 두 배가 넘는 무리한 금액을 배팅한 현대차 경영진을 비난했다. 이 상황에서 현대차의 최고경영자는 "한전은 어차피 국가의 것이니 국가에 환원하는 셈이다."라고 말하며 해당 부지 인수에 대한 확고한 의지를 나타냈다.

삼성전자는 부지에 투자할 수 있었던 약 10조 원을 아껴 몇 년 후 미국의 음향 전문 기업 하만Harman을 인수하는 행보를 펼쳤다. 하만은 지주회사로서 JBL, 마크 레빈슨 등 많은 고급 음향 브랜드를 보유한 회사이다. 삼성이 하만을 소유하게 되면서 글로벌 음향기기 시장은 물론 전 세계 고급 자동차에 공급되는 카오디오 시스템을 독점할 수 있게 되었다. 대한민국 서울 강남의 부동산에 투자할 수 있었던 10조 원을 전 세계의 자동차 시장에 침투하는 길을 개척하는 데 쓴 것이다. 두 회사는 어떤 점이 다른 걸까?

땅은 시간이 흐를수록 가격이 상승하는 가치를 가지고 있다. 누군가 100만 원을 주고 스마트폰을 구매했다고 가정해보자. 1년이 지난 뒤 그 스마트폰의 가격은 절대로 100만 원을 넘지 못한다. 기술이 급속도로 발전하고 새로운 스마트폰이 계속 출시되기 때문에 그 스마트폰의 가격은 점점 떨어진다. 반면 땅은 별다른 노력을 하지 않아도 시간이 지날수록 가격이 오른다. 우리가 흔히 말하는 '가성비'는 땅에 존재한다고 볼 수 있다. 첨단기술은 지속적인 연구와 투자를 하지 않으면 뒤로 밀려나고 땅은 가만히 있어도 가치가 위로 상승한다. 현대차는 안정적인 기반확보를 통한 세계화에 경쟁력이 있음을 보았고 삼성은 지속적인 연구개발을 통한 세계화에 경쟁력이 있다고 본 것이다.

누가 옳았다고 말할 수 없이 두 회사는 지금도 세계에서 크게 활약하며 더욱 성장하고 있다. 각자 자신들이 가치 있다고 여기는 방향으로 나아가는 중이다. 현대차가 10조 원을 들여 확보한 한전 부지 앞 영동대로는 GTX 광역철도와 도시 지하철 등 철도만 5개가 통과한다. 그리고 버스, 택시의 환승까지 원스톱으로 이루어지는 대형 복합 광장의 조성 계획이 수립되었다. 덕분에 교통의 요지로 거듭나면서 몸값은 더욱 불어났다. 삼성은 10조 원을 들여 매입한 하만 덕분에 향후 현대자동차의 고급 차 생산에도 관여할 수도 있게 되었다. 하지만 삼성동이라는 땅의 가치를 올려놓은 현대차 때문에 만일 삼성이 강남구 삼성동에 진출하게 될 경우 예전보다 훨씬 더 큰 금액을 지불해야 하는 상황이 되었다.

삼성은 언젠가부터 카메라 생산을 중단했다. 카메라를 계속 생산하는 것이 더는 경쟁력이 없다고 본 것이다. 삼성은 카메라를 생산하는 대신 핵심기술인 이미지센서 개발에 투자하기 시작했다. 일본이 주도하고 있는 이미지센서 분야에 도전장을 내민 뒤 급속도로 성장하는 중이다. 추세로 보면 이미지센서는 삼성의 새로운 경쟁력이 되어 10년 내에 해당 분야에서 전 세계 1위가 될 것이다. 이미 삼성은 전 세계 최초로 1억 800만 화소 이상의 이미지센서 개발에 성공한 바 있다.

우리는 자신의 미래를 더욱 탄탄하게 만들기 위해 자기 안에 있는 경쟁력부터 확인해야 한다. 각자 자신을 기업으로 인식하고 경영하려는 노력이 있어야 한다. 삼성이 전 세계로 공급하는 갤럭시 스마트폰을 만들면서 이미지센서 분야까지 석권해나가는 것처럼, 우리 중에 누군가는 음식 솜씨가 좋으면서 동시에 자기 동네에서 가장 노래를 잘 부르는 경쟁력을 가지고 있다.

우리가 취업전선에서 힘들어하고 사회생활에서 좌절하는 이유는 '나'라는 기업의 경쟁력을 명확히 찾지 못해서이다. 나 자신의 경쟁력을 먼저 찾으려는 움직임이 지금부터 시작되었으면 한다. 내 안에 있는 경쟁력을 찾는다면, 취업의 상황도 기업과 기업 간의 MOU가 체결되듯 규모있게 풀릴 수 있다.

세종대왕은
최고의 디자이너였다

한글경제학

한국어 가사로 녹음된 BTS의 음악과 한국어로 제작된 영화 '기생충'은 전 세계인에게 많은 관심과 사랑을 받았다. 실제로 BTS는 단시간에 전설적인 팝 가수 비틀스마저도 뛰어넘을 정도의 기록들을 세웠다. 영화 '기생충'은 비영어권 영화 중 최초로 미국 아카데미상을 휩쓸었다. 2012년 '강남스타일'로 미국 빌보드차트에 오른 가수 싸이는 한국어로 녹음된 음악으로 세계적인 돌풍을 일으켰다. 이로 인해 전 세계 팬들은 무슨 뜻인지 정확히 모르는 한국어 가사를 따라 부르며 '강남스타일'의 말춤을 췄다.

한글은 세종대왕을 통해 통해 1446년 반포되어 600년 가까이 대한민국의 언어로 자리매김해왔지만 사실 우리 민족이 한글을 사랑하게 된 기간은 그리 길지 않다. 한글이라는 우리 고유의 언어를 가졌음에도 불구하고 그걸 자랑스럽게 여기지 못했기 때문일까?

우리는 한글과 더불어 중국의 한자를 추가로 익혀야만 신문을 읽을 수 있었고 관공서에서 서류를 뗄 수 있었다. 세종대왕은 어려운 한자 때문에 발생하는 문맹률을 줄이고 의사소통의 편의성까지 증대시킬 목적으로 한글을 창제했다. 하지만 20세기 말까지 우리는 그 뜻을 전혀 헤아리지 않고 경제성 없는 이중생활을 했다.

중국의 한자는 우리나라뿐 아니라 일본에도 전해져 문화적으로 많은 영향력을 끼쳤다. 하지만 한자어는 한국과 일본 양쪽 모두에게 적합하지 않은 언어였다. 우리가 훈민정음으로 문자의 혁명을 이뤄낸 것과 달리 일본은 한자에 억지로 적응하면서 문자와 언어 간의 부적합성을 해결해보고자 했다. 결국 일본은 한자 외에도 히라가나와 가타가나 두 가지 표음문자를 추가로 만들어야만 했고, 그 덕분에 일본의 언어는 매우 복잡한 체계가 되었다.

컴퓨터나 휴대폰으로 문자를 입력할 때 중국의 경우는 먼저 알파벳으로 발음을 입력하고서 그 발음에 해당하는 여러 한자 중 하나를 고르는 번거로운 방식으로 진행된다. 일본어 역시 마찬가지다. 반면 한글은 자음+모음의 기본구성으로 자판 내에서 모든 단어를 완성해낸다. 소리를 내기 편하며 정보전달력이 뛰어나다는 장점이 있다. 알파벳을 모르고서는 자국어를 화면에 쓸 수 없는 다른 나라의 사정과는 달리 우리는 한글을 사용하여 한국어뿐 아니라 전 세계 거의 모든 나라의 단어를 쓸 수 있으며 발음할 수 있다. 영어의 알파벳처럼 하나의 단어를 완성하기 위해 가로로 길게 지면을 사용할 필요도 없다. 한글은 마치 블록을 쌓는 레고처럼 때로는 쌓고 때로는 빼내면서 지면의 적은 공간 안에 뚜렷한 음절을 하나하나 완성하면 된다.

인도네시아의 찌아찌아족은 2009년부터 한글을 공식문자로 사용하기 시작했다. 그동안 찌아찌아족의 토착어를 표기하던 알파벳을 포기하고 한글로 표기한다. 한글의 편의성과 구조적 우수성이 세계적으로 인정받기 시작한 사례다. 실제로 한글은 배우기 시작하면 반나절 안에 이해할 수 있다. 어리석은 사람일지라도 열흘 안에 배울 수 있다고 훈민정음 서문에 쓰여 있을 정도다.

한류 열풍으로 인해 전 세계 사람들이 한국을 안다. 한국의 문화에 열광적인 이들은 더 많은 것들에 대한 욕구로 한글을 배우는 열성을 보인다. 예전 1980년대까지만 해도 대한민국에서 발행되는 거의 모든 신문에는 한글뿐만이 아닌 한자어가 병합된 상태로 기사가 쓰였다. 신문지면에 한글이 아닌 한자를 섞어가며 그 한자를 아는 사람에게만 기사의 내용을 이해할 수 있는 특권을 제공한 것이다. 그 때문에 한자를 이해하는 사람은 그렇지 않은 사람에 비해 더욱 특권의식을 가지고 지식의 불평등 상황을 즐기며 지냈다. 이처럼 우리 민족은 지난 세월 동안 한자 없이는 미디어에 접근할 수 없었다.

미국과 대등한 위치를 넘보는 중국이나 세계 경제 2위인 일본도 알파벳 없이는 자신들의 언어를 화면상에 표현해내지 못한다. 하지만 한글은 알파벳 없이도 자유자재로 표현하고 발음하며 쉽게 전달할 수 있다. 우리는 이처럼 우수하고 편리한 문자를 가진 민족으로서 얼마만큼의 자부심을 가지고 있는지 지금 돌아보아야 할 때다.

문화를 살리면 경제도 살아난다

문화경제학

저마다의 차이가 있겠지만 우리는 인천국제공항에서 이륙하는 비행기를 보면 가슴이 뻥 뚫리는 느낌을 받는다. 잠시나마 복잡한 일상을 내려놓고 외국으로 해외여행을 떠나는 상상이 가능하기 때문이다.

외국 땅을 밟으면 그 나라 문화를 경험하게 되는데, 서로 다른 문화 차이에서 우리는 생각보다 다양한 불편을 겪기도 한다. 의사소통이 원활하지 않아 소통의 불편을 겪기도 하고, 무엇보다도 음식이 입에 맞지 않아 힘든 경우도 많다. 그럼에도 불구하고 휴가 기간이나 시간이 나면 마음속에 담아두었던 해외의 문화를 경험하고자 여행 계획을 세운다.

우리는 '어서 와 한국은 처음이지'라는 TV프로그램에서 한국을 찾는 외국인들이 대한민국의 문화를 경험하며 보여주는 뜻밖의 모습에 즐거워한다. 음식과 생활방식 등 한국의 문화를 접하는 외국인의 모습은 그 자체가 우리에겐 새로운 에피소드가 된다. 이는 마치 어린아이가 태어나서 한 번도 먹어본 적 없는 시큼한 과일을 먹었을 때 보이는 표정과 모습을 바라보는 것과 비슷한 맥락이다. 우리는 이미 맛을 알고 있기에 익숙하고 대담하게 그 과일을 접할 수 있다. 이처럼 우리에겐 익숙한 문화도 한국을 찾는 외국인들에겐 새로운 세계가 된다.

세계적인 스타가 된 아이돌 그룹 BTS는 미국 '빌보드 200'에 4연속 1위의 기록을 달성하며 비틀스가 정점을 찍어놓은 팝의 역사를 다시 썼다. 영화 '기생충'은 미국 아카데미상을 휩쓸며 한국문화의 우수성과 범용성을 전 세계에 알렸다. 영화 '기생충'에서 언급된 '짜파구리' 덕분에 농심의 해외 매출과 영업이익이 상승했으며, '기생충'과 BTS 등 문화사업에 대한 후원을 묵묵히 해온 CJ ENM은 기업의 입지가 더욱 두터워지는 효과를 얻었다.

문화경제학 개념이 태동한 것은 19세기 후반 영국의 경제학자인 존 러스킨에 의해서다. 이를 통해 예술이 경제발전에 미치는 영향에 관심이 높아졌다. 더불어 문화경제에 대한 연구는 지속적으로 발전하고 있다. 일례로 항공기 내에서만 맛볼 수 있는 기내식을 비행기 밖에서도 경험할 수 있게 해주는 공간까지 생겨났다.

말레이시아의 수도인 쿠알라룸푸르에는 실제 기내에 제공되는 도시락과 스낵을 판매하는 음식점이 세계 최초로 문을 열었다. 이는 문화경제의 한 패턴을 구축하는 데 일조했다는 평을 얻었다. 삼성전자도 세계적인 디자이너 톰 브라운과 협업해 '갤럭시 Z플립-톰 브라운 에디션'을 출시했다. 패션 디자인에 대한 문화적 수요와 관심을 첨단기술에 담아 구축하고자 하는 디자인경제모델 중 하나라고 볼 수 있다.

미국 할리우드에서는 오래전부터 문화와 자본을 결합한 덕분에 경제적 시각의 형성이 가능해졌다. 하지만 경제학에서 말하는 '기본적으로 합리적인' 인간의 모습과는 다르게 이곳에서는 상대적으로 상업성이 떨어지고 매출이 절반에도 미치지 못하는 청소년 관람불가 등급의 영화를 많이 제작한다. 수익성보다는 대담함과 참신함을 보여줌으로써 명성을 쌓으려는 의도이다. 이는 많은 마케팅 비용이 발생하는 '갤럭시 Z플립-톰브라운 에디션'을 한정수량으로만 판매하는 삼성전자의 영업전략과 같은 맥락에서 이해할 수 있다.

밀레니얼 세대는 기존과는 확연히 다른 취향과 그들만의 문화를 보유하고 있다. 그들은 자신이 머무는 공간과 패션 아이템들을 SNS 계정에 올리고 대중들과 문화적 소통을 하며 지낸다. 이 과정에서 다수의 셀럽과 인플루언서들이 생겨났다. 이를 통해 소수의 연예인이 다수의 대중을 상대하는 모습이 아닌 다수의 셀럽이 다수의 대중과 소통하는 문화가 형성되었다.

서로 다른 문화의 특이점을 보기 위해 우리는 경제활동을 한다. SNS를 통한 문화적 확산으로 더 많은 이들의 여행 욕구를 불러 모은다. 우리는 대한민국이라는 훌륭한 문화권에 살고 있다. 다른 나라의 문화가 우리보다 더 나을 것이라는 오래된 사대주의적 관념을 버리고, 우리가 가지고 있는 문화의 우수성을 자랑스럽게 드러내며 살아가는 모습을 보여줄 필요가 있다.

일상도
디자인 된다

디자인경제학

2006년 기아자동차는 극심한 기업의 경영난을 극복하고자 아우디 출신의 디자이너 피터슈라이어를 영입했다. 그는 '디자인 기아'라는 슬로건 아래 이전과는 다른 새로운 디자인 양식의 K7, K5 등의 자동차를 출시하며 디자인경제활동을 펼쳤다. 이후 사람들은 발전한 디자인에 반응하며 새로워진 기아자동차를 향해 경제활동으로 보답했다.

디자인경제 현상이 힘을 얻게 되자 국내 자동차산업 또한 전반적으로 디자인 수준이 격상되었다. 더불어 대중도 디자인을 대하는 태도와 시각이 한층 성숙해졌다. 이후에도 피터슈라이어는 끊임없이 디자인경제 현상을 이끌었고, 디자이너로서 현대·기아자동차 그룹의 사장에까지 오르는 쾌거를 이루었다.

대한민국의 디자인 열풍은 산업마다 디자인을 접목한 디자인 경영을 실현케 했다. 그 덕분에 성공한 여러 디자인 경영 기업을 탄생시켰다. 불황 속에서도 세계 4대 디자인상 그랜드슬램을 달성한 웅진코웨이, 음식물 처리기를 주방 인테리어 소품으로 승화시킨 루펜리, 밋밋한 카드와 냉장고 표면을 화려하게 수놓은 입체영상표면 미래코 등이다. 이외의 기업들도 디자인 경영에 반응하여 여러 개인과 기업들이 경제활동을 하고 있다. 하지만 사람들은 돈을 쓰게 만드는 디자인 경영에만 관심을 둘 뿐 그것 때문에 돈을 쓰는 개인(자신)의 경제활동에는 크게 신경을 쓰지 않는다.

경제학자들은 인간의 알 수 없는 행위들을 분석한 뒤 숫자로 계산하여 이론화하곤 한다. 하지만 정작 인간은 어떠한 행동을 할 때 복잡하게 계산하지 않는다. 그로 인해 경제학자들이 '계산 착오'라고 말할 법한 예측 불가의 일들이 벌어진다.

새뮤얼 보울스의 저서 《도덕경제학》에는 경제적 가치를 메시지로 해석할 것을 주장한 프리드리히 하이에크 이론이 나온다. 만약 극심한 가뭄으로 인해 밀이 귀해져 빵 가격이 오르게 된다고 가정해보자. 이런 상황에서는 빵의 소비를 줄이고 감자를 요리해서 먹는 것이 돈을 절약하는 방법이라는 메시지를 사람들에게 전달해야 한다. 경제적 가치를 메시지에 담아 사람들에게 전달할 필요가 있다는 것이다. 이러한 정보를 통해 각 개인은 더욱 현명한 경제활동을 할 수 있게 된다. 디자인경제는 단순하게 판단되는 경제적 가치를 디자인이라는 유형의 정보로써 경제 주체에게 전달하는 것이다.

디자인이라는 용어의 정의는 마치 '사랑'이라는 단어의 정의처럼 모호할 때가 많다. 이는 저마다의 인식과 정의가 다르기 때문이다. 일반적으로 사람들은 디자인을 단순히 외형적 아름다움을 추구하는 데코레이션 정도의 개념으로 인식한다. 하지만 디자인의 개념은 '의미 부여'이다. 어떤 의미를 부여하여 디자인했느냐에 따라 시장에서 판매하는 저렴한 가방과 백화점의 명품백은 서로 다른 가치를 나타낸다. 심지어 두 가방이 동일한 크기와 재질, 비슷한 외형을 가졌다 하더라도 그렇다.

인천광역시 강화군에는 '조양방직'이라는 카페가 있다. 본래 1933년에 지어진 우리나라에서 가장 오래된 근대식 방직공장이었지만, 공장 가동을 멈춘 후 수십 년 동안 방치되어 아무도 찾지 않는 폐공장이 되었다. 하지만 이곳이 빈티지한 갤러리카페로 디자인적 가치가 변하자 단숨에 핫플레이스로 거듭났다. 방치된 폐공장이라는 공간에 디자인으로 새로운 의미를 부여하자 경제효과가 나타나게 된 것이다.

우리 중에는 바로 집 앞에 있는 맥도날드를 가지 않고 길 건너의 서브웨이를 찾는 사람이 있다. 반대로 서브웨이 근처에서 길을 돌아와 맥도날드에서 식사하는 사람도 있다.

맥도날드는 그 탄생의 배경부터 건강 문제는 염두에 두지 않는 반면 서브웨이는 건강한 식재료를 앞세우며 마케팅을 했다. 그래서 자신의 몸을 건강하게 디자인하려는 사람은 서브웨이를 찾고, 다른 만족감으로 자신을 디자인하려는 사람은 맥도날드로 향한다. 각자의 삶에서 모든 경제활동의 주체는 자신이다. 순간순간 이루어지는 경제활동을 통해 자신이 조금씩 디자인되어가고 있다는 점을 반드시 깨달아야 한다.

시작이 초라하더라도 포기하면 안 된다

유튜브경제학

요즘 기업은 마케팅에 유튜브Youtube를 활용하는 게 기본옵션이 되고 있다. 유튜브가 우리의 일상에 깊이 뿌리내려가고 있다는 증거이다. 하지만 지금의 화려함과는 달리 유튜브의 시작은 몹시 초라했다. 공식적으로 유튜브는 2005년 2월 14일에 서비스를 시작했다. 그런데 최초로 유튜브에 동영상이 업로드된 날짜는 2005년 4월 23일이라고 하니 두 달 반 정도는 아무도 유튜브를 이용하지 않은 셈이다.

지금은 다양한 콘텐츠와 사용자들에 의해 그 수를 셀 수 없을 정도로 많은 종류의 동영상이 유튜브에 올라오고 있지만, 초반의 유튜브엔 딱히 문화적 색깔이랄 게 없었다. 공식적으로 유튜브에 업로드된 최초의 동영상은 유튜브 공동 창업자 자베드 카림Jawed Karim이 올린 코끼리 소개 동영상이다.

자베드 카림이 동물원 코끼리 우리 앞에 서서 "코끼리의 긴 코가 참 멋지네요."라는 말만 잠깐 하다가 끝이 난다. 고작 18초에 불과한 이 영상을 지금 유튜브 문화에 익숙해진 우리가 본다면 참으로 단순하다 못해 싱겁기 그지없다. 하지만 어쨌든 유튜브는 그렇게 시작되었다. 시작이 초라하기에 별다른 파급력도 없을 것이라 여겼다. 하지만 그 성공가치를 내다본 구글Google이 2006년 유튜브를 인수하면서 세상에서 주목받기 시작했다. 인수대금은 16억 5천만 달러, 우리 돈으로 약 2조 2천억 원에 달하는 금액이었다.

유튜브는 구글에 인수된 뒤에도 별다른 수익을 내지 못했다. 2009년에는 4억 7천만 달러의 적자를 기록하는 등 부진한 성적을 보였다. 하지만 얼마 지나지 않아 유튜브는 괄목할 만한 성장을 시작했다. 유튜브의 기본 수익구조인 광고매출만으로 2019년에 151억 5천만 달러, 우리 돈으로 약 18조 600억 원을 기록하는 놀라운 성과를 달성했다.

팀 스테이플스와 조시 영이 공동으로 집필한 《유튜브 7초에 승부하라》에는 유튜브 동영상을 공유하고 싶게 만드는 다섯 가지 감성이 정리되어 있다. 저자는 행복, 경탄, 공감, 호기심, 놀람의 다섯 가지 감성이 유튜브 영상의 공유를 확산하며 문화적 가치를 더욱 키워가고 있다고 설명한다. 한 가지 예로 유튜브에서 아기들이 올림픽경기를 펼치는 '베이비 올림픽Baby Olympic' 영상을 보면, 전 세계에서 1억 5천만 번이 넘게 조회되고, 300만 번 넘게 공유되는 놀라운 기록을 세웠다. 이는 기존의 기업 광고처럼 소비자에게 판매하는 제품의 장점을 어필하며 기업이 원하는 가치만을 전달하고 끝내지 않았다는 증거다. 미소를 유발하고 공유를 불러오는 감성에 의해 제작된 영상 콘텐츠로 차별화되었기 때문에 가능했다.

인터넷 환경에서 유튜브는 365일 24시간 내내 한순간도 쉬지 않고 운영되는 도서관의 역할을 한다. 내가 원하는 시간에 내가 필요로 하는 정보를 제공해준다. 여기에 더해 다른 사람과 쉽게 공유할 수도 있다. 전 세계 사람들의 각기 다른 언어와 문화를 통합하여 효과적으로 전달시켜주고, 일부 계층만 얻을 수 있었던 폐쇄적인 정보를 누구나 접할 수 있는 개방적 형태로 전환해주는 역할을 유튜브가 담당하고 있다.

이제는 전자제품을 구매한 뒤 사용방법을 익히기 위해 깨알 같은 글자로 뒤덮인 설명서를 몇 시간씩 읽지 않아도 된다. 유튜브에 접속해서 해당 제품의 사용방법을 검색하면 기능을 설명하는 영상을 시청할 수 있다.

읽고 싶은 책이 생겼는데 읽을 시간이 없다면 누군가 미리 읽고 짧게 요약해 놓은 유튜브 영상을 시청하면 된다. 어떤 기술을 배우고 싶을 때도 마찬가지이다. 가르쳐줄 스승의 집까지 찾아가 부탁할 필요 없이 유튜브에 올려놓은 기술 영상을 보고 배우면 된다.

"코끼리의 긴 코가 참 멋지네요."라는 말로 최초의 동영상을 업로드했던 유튜브 창업자 자베드 카림은 유튜브가 지금의 플랫폼으로 발전할 것이라고 창업 당시 예상했을까? 시작이 기대에 못 미친다고 실망하거나 성급하게 포기해서는 안 된다.

제품보다 진정성을 먼저 팔아라

블루보틀경제학

국내 커피숍에서는 주문을 기다리는 동안 손님 손에 진동벨을 쥐어준다. 손님이 커피숍에 들어가서 마실 음료에 대한 주문을 완료하기까지는 직원과 이런저런 대화를 나누는 것이 가능하다. 물론 거래적 요소 즉, "이건 어떤 음료예요?", "저 손님이 마시는 커피가 이 메뉴인가요?" 등 점원과 나누는 대화는 재화와 서비스에 대한 가치교환이거나 재화와 상품(커피)을 교환하기 위한 일련의 준비과정이다.

주문한 음료값을 지불하면 진동벨부터 먼저 받게 되는데, 이 진동벨을 받아든 순간 손님과 커피숍 직원과의 대화는 더 이상 이어지지 않는다. 커피숍 입장에서 진동벨은 일종의 주문에 대한 보증서이며 "(음료)

제조가 완료되면 (진동벨이) 울릴 테니 손에 쥐고 조용히 기다려달라."는 의미를 지니고 있다. 직원은 음료가 완성되면 진동으로 신호를 준다. 그리고 '진동벨'이라는 보증서를 회수하는 동시에 음료를 전달해준다. 이로써 둘의 거래는 끝이 난다.

주문과 동시에 진동벨을 건네는 문화행태가 많은 주문량을 감당하기 힘든 직원을 위한 배려일 거라고 추측해본다면, 직원에 대한 배려가 전혀 없는 커피숍이 있으니 바로 스타벅스다.

스타벅스 매장에는 진동벨이 없다. 음료가 완성되었다는 신호는 직원의 육성을 통해 손님에게 전달된다. 그렇게 아날로그 방식으로 손님을 호출한 스타벅스 직원은 "고객님께서 주문하신 음료가 맞으시죠?", "뜨거우니까 조심해서 드세요" 등의 말을 건네며 커피가 전달될 때까지 추가적인 대화를 이어간다.

원래 스타벅스는 손님의 이름을 부르며 고객과 한 마디라도 더 대화하게끔 만드는 나름의 운영철학을 가지고 있다. 커피 판매를 통한 수익 증대보다 고객 한 사람 한 사람에게 더욱 집중하는 것이다. 해외의 스타벅스 매장을 방문해보면 주문과 동시에 손님 이름을 종이컵에 써둔다.

그리고 음료가 완성되면 손님 이름을 직접 부르며 음료를 제공한다. 하지만 남들 앞에 이름이 공개되는 걸 꺼리는 우리나라 국민의 성향 때문에 한국에 진출한 스타벅스만 이름이 아닌 영수증 번호와 닉네임을 부른다.

사람에게 집중하는 공간이 또 있다. 바로 국내 1호점을 오픈하자마자 새벽부터 줄을 서며 거대한 인파를 기다리게 만든 '블루보틀'이다. 미국 샌프란시스코에 방문했을 때 블루보틀을 접했던 기억이 난다. 한 번 맛본 이후 미국을 떠나기 전까지 줄곧 블루보틀 커피를 마셨는데 그만큼 인테리어가 깔끔하고 공간이 주는 브랜드의 정체성이 특별했다. 이후 한국에 진출한 블루보틀에 많은 사람이 줄을 섰다는 기사를 보고도 나는 별로 놀라지 않았다. 미국에 있는 블루보틀에서도 사람들이 그렇게 줄을 서서 커피를 마시는 걸 봐왔기 때문이다.

블루보틀의 창업자인 제임스 프리먼은 원래 커피를 즐겨 마시는 클라리넷 연주자였다. 커피 애호가인 그는 오케스트라 생활을 그만두고 자신이 직접 만든 커피를 사람들에게 나눠주기 위해 블루보틀을 창업했다.

시작은 화려하지 않았다. 아주 작은 창고를 빌려 직접 로스팅을 하며 커피를 만들었고 주말엔 리어카에 커피 재료를 싣고 다니며 판매했다.

블루보틀에 사람들이 줄을 서게 된 이유는 에스프레소 기계로 커피를 내리지 않고 드립 커피를 제조해 판매했기 때문이다. 스타벅스에서는 10분이면 10잔도 넘는 커피를 제조했을 텐데, 블루보틀에서는 커피 한 잔을 마시기 위해 10분이 넘는 시간을 기다려야만 했다. 그럼에도 블루보틀의 커피는 점점 더 유명해졌고 창업 5년 만에 리어카에서 벗어나 1호점을 오픈했다.

당시는 스타벅스가 엄청난 성장을 이루던 때라 사람들은 어느 지점에서든 똑같은 서비스, 똑같은 맛의 음료를 제조해주는 스타벅스에 익숙해 있을 때였다. 그 상황에서 블루보틀은 갓 볶아낸 원두를 직접 리어카에 싣고 와 주문 즉시 갈아 커피를 내려주고 커피를 내리는 시간 동안 손님과 1:1로 대화를 나누었다. 손님과 충분한 감정을 교류한 뒤 어디에서도 맛보지 못한 맛있는 커피를 손에 건네는 것이 블루보틀의 서비스였다. 단순히 맛있는 커피를 마시는 기쁨만 주는 게 아니라 손님인 자신이 존중받고 있다는 느낌까지 선물 받는 순간이었다. 이에 미국인의 열광이 시작됐다.

국내에 많은 프랜차이즈 가맹점을 보유한 석봉토스트도 창업 당시 리어카에서 토스트를 판매하는 작은 소상공인이었다. 석봉토스트 대표는 찾아오는 사람 한 명 한 명에게 진심을 다해 친절을 베풀었다. 그 덕분에 1.5평의 토스트 제조 공간은 리어카를 벗어나 큰 기업으로 성장했다. 주문을 위한 필연적인 대화만을 나눈 뒤 대화가 종료되었음을 의미하는 진동벨을 손에 쥐어주는 국내 커피숍 문화와는 대조적이다. 석봉토스트나 블루보틀의 성공은 창업 당시부터 손님과의 대화를 중시한 결과이다.

비즈니스 실패의 원인을 분석한 결과를 보면 대부분 기술력이나 제품의 성능에 초점을 맞춘다. 그러나 의외로 문제는 사람, 그리고 사람과의 관계에 근본적인 이유가 있는 경우가 많다.

#02

나라를 이롭게 하는 디자인경제

호주와 알라딘의 비즈니스모델

중고서점경제학

모든 경영활동은 크고 작음에 관계없이 국가 경제에 영향을 미친다. 거시경제의 관점에서 보면 기업의 경영활동을 통해 발생한 수익은 납세를 통해 국가 경제로 환원된다. 만약 수익이 아닌 손실이 난 경우에는 나라에서 어느 정도의 세금을 기업에 환급해준다. 개인 역시 벌어들인 소득에서 세금을 낸다. 소득의 일정액을 은행에 저축도 한다.

1929년 전 세계를 경제침체로 몰아간 대공황은 미국 경제가 최고 호황을 누리던 시기에 과잉생산으로 빚어진 결과이다. 케인즈는 대공황에서 벗어나는 방법으로 정부의 역할을 강조했다. 이는 거시경제이론의 토대가 되어 케인즈 학파가 탄생하는 배경이 되었다. 2008년 발생한 미국발 금융위기 이후 세계 경제는 다시 침체기로 돌아섰다. 이때 하버드 대학의 로렌스 레식 교수는 케인즈 이론이 아닌 '공유경제'를 창안하며 시장에 해법을 제시했다.

'공유경제'는 물품을 구매한 뒤 소유하는 것이 아니라 내가 사용하지 않는 시간만큼 다른 사람이 활용할 수 있게 하는 개념의 경제활동이다. 오래전부터 우리 생활에 자리 잡은 '도서관'을 떠올리면 쉽게 이 개념을 알 수 있다. 도서관에 비치된 책은 필요로 하는 사람에게 사용되고, 사용이 끝나고 도서관으로 되돌아오면 또 다른 사람이 이용하는 것과 마찬가지다.

도서관이 공유경제의 개념을 갖춘 비영리 공간이라면, 공유경제와 비슷한 개념을 갖춘 도서관 형태의 공간이 있다. 바로 '알라딘'이라는 대형 중고서점이다. 자신이 구매한 뒤 다 읽고 쓸모없어진 책을 알라딘에 판매하면 책의 정가는 아니지만 어느 정도의 책값을 받을 수 있다. 알라딘은 매입한 중고도서에 이익금을 포함한 가격을 책정하고 이를 다른 사람에게 되팔아 수익을 얻는다. 알라딘에서 판매하는 책에 수익금이 포함되어 있을지라도 새 책을 사는 것에 비해 훨씬 저렴한 비용으로 책 구매가 가능하기 때문에 경제활동을 하는 소비자의 입장에서는 매력적인 구매동기 요소로 느껴질 수 있다. 이는 공유경제의 비즈니스모델이 아니지만 자원 활용의 밀도를 높이고 과소비를 막으며 환경오염 문제까지도 케어할 수 있는 좋은 시스템이라 할 수 있다. 그런데 만약 알라딘에 책을 구매하러 오는 사람보다 자신이 읽던 책을 판매하려는 사람이 더 많다면 어떻게 될까?

호주는 대한민국 청년들이 어학연수를 많이 떠나는 나라이다. 일해서 돈도 벌고 영어공부까지 덤으로 할 수 있다는 장점은 우리나라 대학생들을 홀리기에 충분했다. 급여 또한 다른 나라에 비해 상대적으로 높아

많은 이들이 어학 연수지로 호주를 먼저 꼽는다. 국내 청년 중에는 어학 연수를 떠난 호주에서 열심히 일하고 많은 돈을 벌어 한국에 가져오기도 한다. 여기서 우리는 외국인이 자국에 와서 돈을 써야 국가적 이득을 얻을 수 있는데, 돈을 벌어서 자기 나라로 가져간다면 호주의 입장에서 행정적 손해가 아닐까 하는 의구심이 든다. 하지만 이는 기우에 지나지 않는다. 잘 짜인 플랫폼으로 국가 선호도가 높아져 너도나도 호주를 찾게 되고, 호주에서 지내는 시간 동안 어떻게든 소비를 하기에 경제 순환이 일어난다.

아메리칸 드림을 꿈꾸며 많은 사람이 미국으로 향했지만 미국은 망하지 않았다. 경제발전을 이룩한 우리나라에 코리안 드림을 꿈꾸며 찾아온 많은 외국인 근로자들이 있지만 돈을 벌어 자기 나라로 가져가려는 그들 때문에 우리 경제가 휘청거리지 않는다.

결국 '그 장소에 가야지만 얻을 수 있는 이점'에 대한 논의는 그 장소의 선호도를 높여주고, 많은 경제적 효과를 창출한다는 걸 알 수 있다.

자기가 읽은 책을 가져가 되팔면 현금을 돌려받을 수 있다는 점은 알라딘이 국내 최대의 중고서점으로 성장하는 데 큰 역할을 했다. 그렇게 선호도가 높아진 알라딘은 중고 책뿐만 아니라 신간 서적도 함께 판매하며 대형 서점으로서의 입지를 더욱 공고히 하고 있다. 공유경제의 보편화와 밀도 높은 자원 활용에 대한 국민적 인식이 높아진다면, 먼 훗날 알라딘을 '중고서점'이 아닌 '일반서점'으로 인식하게 되는 날이 올 수도 있다. 사람들이 호주를 어학연수뿐 아니라 여행지로서도 많이 찾고 있듯이 말이다.

AI 시대를 미리 준비하라

4차 산업혁명 디자인경제

전 세계 인구의 80% 이상이 농업에 종사했던 18세기 영국에서 산업혁명이 일어났다. 그전에는 온 가족이 농사에 전념해도 먹고사는 문제가 해결되지 않았는데 산업혁명이 일어난 이후에는 가족 중 단 한 명만 농사지어도 먹고사는 문제가 해결되었다. 나머지 인력은 자연스레 다른 업종으로의 전환이 가능해졌다. 산업혁명 이후 영국의 농업종사자 비중이 30%까지 떨어졌고 지금은 5% 미만에 머무르는 수준이다.

증기기관과 자동차, 대량생산이 시작된 2차 산업혁명이 끝난 지 오래다. 지금은 TV, 컴퓨터 등 전자기계의 시대를 넘어 이제 인공지능과 마주하는 4차 산업혁명의 시대다. 여전히 인류는 먹고사는 문제에 대해 고민하고 있지만 18세기 이전처럼 심각하게 고민하지 않아도 되는 수준이다. 온 인류가 먹거리와 직결된 농업에 집중해도 해결할 수 없었던 먹고 사는 문제는 산업혁명을 거쳐 오며 괄목할 만한 수준으로 해결되었다. 이는 인류가 선택한 산업혁명의 길이 옳았음을 증명하는 내용이라 할 수 있다.

2016년 3월, 인공지능 바둑 프로그램인 알파고와 인간 최고의 바둑 실력자인 이세돌 간의 대결이 펼쳐졌다. 모두 인간인 이세돌이 기계를 꺾고 승리하길 염원했지만, 결과는 4승1패로 알파고가 승리했다. 이때부터 인류는 인공지능의 구조와 원리에 대해 큰 관심을 보였다. 같은 시기인 2016년 세계 경제포럼에서 '4차 산업혁명'이라는 용어가 처음으로 언급되었다.

지능을 탑재한 로봇, 그와 의사소통을 하는 인류. 4차 산업혁명은 효율과 생산성을 비약적으로 높일 수 있으며 인간과 비교해 동일한 업무에 대한 오차범위를 줄일 수 있다. 이미 '로봇카페'에서는 바리스타 대신 로봇이 라떼아트를 만들어준다. 사람이 손으로 내리는 핸드드립 커피도 로봇이 대신하고 있다. 서빙까지 해주는 '라운지 X'가 론칭하자 많은 이들이 관심을 보였다. 로봇 바리스타가 진출한 카페의 수는 점차 늘어나는 중이다.

아직은 출발단계이지만 4차 산업혁명은 우리 경제구조에 큰 변화를 불러일으킬 것으로 예상된다. 기존 경제는 기업 생산량이 증가하면 국민소득도 증가하고 기업 생산량이 감소하면 국민소득도 감소하는 공식의 체계였다. 하지만 로봇이 대체하게 될 기업생산영역의 무인 공정에 대해서는 그 비례가 무너질 수 있다. 로봇이 생산 공정을 담당하면서 인력은 일자리를 잃어 소득도 얻을 수 없게 된다. 기계화된 생산설비는 생산량을 늘리지만 소득이 없는 사람들은 이를 구매할 여력을 잃는다. 이는 경제의 악순환을 불러올 수 있다. 경제학의 시초인 아담 스미스가 말한 '보이지

않는 손'에 의한 시장경제 역시 그 생태계가 새로운 디자인으로 탈바꿈할 것이라는 예측이 가능하다. 이 문제에 있어 정부의 역할과 개입이 상당히 중요해질 것으로 보인다. 과잉생산된 제품을 판매할 수 있는 세계시장을 확보하는 것이나 4차 산업 기업 유치 및 일자리 창출이 그 예이다.

영국에서 산업혁명이 일어난 뒤 나타난 현상 중 눈에 띄는 부분은, 자연의 아름다움을 묘사했던 순수미술작품의 경향이 공장의 굴뚝과 기계설비 등을 담은 풍경으로 잠시 변모했다는 점이다. 산업혁명을 지내오며 풍요로워진 삶의 질을 통해 인간 스스로 공장과 기계의 모습을 아름답게 여기기 시작했다. 그러나 점차 산업화와 대량생산에 풍족해진 여유를 누릴 새 없이 사람들은 물질에 도구화되고 기계화되는 사회의 문제점을 발견한다. 또한, 도시화에 따른 교통문제, 환경문제, 양극화 문제까지 심각한 수준에 이르렀다. 다가오는 4차 산업혁명도 양날의 검이 될 것이라는 예측이 가능하다. 첨단의료기술의 발달을 통한 질병의 극복, 정밀 자동화 운송기기를 통한 사고율의 감소 등 여러 긍정적 측면을 생각해볼 수 있다. 하지만 일자리 감소와 휴머니즘 관련 문제에 대한 걱정은 쉽사리 해결될 것 같지 않아 보인다. 기대와 걱정이 공존하는 4차 산업혁명의 시대에 우리는 어떠한 것들을 취하고 또 내려놓아야 할지를 곰곰이 생각해 볼 필요가 있다.

21세기를 살고 있는 지금이 과도기인가요

21세기와 디지털과도기

1889년 미국 특허청장인 찰스 듀웰은 "인간이 발명할 것은 이미 다 발명해 이제는 새로 나올 것이 없다."라고 공식 석상에서 발표했다. 1895년 영국 왕립연구소에서는 "공기보다 무거우면서 날 수 있는 기계란 불가능하다."는 입장을 내놓았다. 그 시절에 불가능하다고 여겼던 상황을 현재 실현하며 지내고 있는 우리 입장에서 보면 다소 무리한 발표로 받아들여진다. 하지만 19세기 말을 보내고 있던 그들의 상황에서는 참으로 당연하고 현실적인 발언이었다. 마차에 익숙해 있었기 때문에 하늘을 나는 비행기가 나오리라는 예측은 감히 상상도 할 수 없는 일이었다. 하지만 재미있는 사실은 최초의 자동차를 발명한 벤츠도, 비행기를 발명한 라이트형제도 제품개발을 위한 연구를 모두 19세기 말에 진행했다는 것이다. 인류가 더 이상 발명할 수 있는 것은 없다며 현실에 안주하는 태도를 보였던 19세기 말, 미국과 영국의 입장과 달리 현실에 안주하지 않았던 벤츠와 라이트형제에 의해 인류의 발전이 이루어졌다. 그 덕분에 우리는 20세기부터 자동차와 비행기를 자유롭게 이용할 수 있게 되었다.

필름으로 유명한 회사 코닥은 20세기 말 세계 최초의 디지털 카메라를 만들었다. 필름카메라가 주류를 이루던 그 시절, 필름에 대한 생산과 판매는 코닥의 주요 수입원이었다. 코닥사는 인류가 계속해서 필름카메라를 사용할 것이라고 확신했다. 하지만 21세기가 되자 필름카메라를 사용하는 사람은 찾아보기 힘들 정도로 사라져갔다. 대신 디지털카메라가 필름의 빈자리를 빠르게 채워나갔다. 필름산업에 얽매여 있던 코닥은 디지털카메라의 새로운 시장을 개척했지만 미래를 예측하지 못하고 몰락했다. 이렇게 미래는 늘 우리가 예측하지 못한 모습으로 다가온다.

필름카메라가 사라지고 난 뒤, 사진 인화 업체는 큰 타격을 입었다. 필름을 사용하던 비디오 산업 역시 마찬가지다. 90년대 후반까지 골목마다 있었던 비디오 가게는 지금 완전히 사라졌다. 음악을 듣기 위해 반드

시 구매해야만 했던 CD는 이제 필수가 아닌 선택 옵션이 되었다. 거리마다 가득했던 레코드 가게도 이제는 거의 찾아보기 힘들다. 21세기의 시작에 맞춰 집집마다 하나씩 마련하던 디지털카메라 역시 지금은 스마트폰 카메라에 밀려 설 자리를 찾지 못하고 있다. 시대를 주름잡았던 산업이 발전해가는 과학 문명에 묻혀 퇴색되는 현상이다.

석유는 고갈의 위험성이 늘 제기되며 대체연료개발에 힘쓰던 자원이다. 과학 문명이 발달함에 따라 석유 의존도는 갈수록 높아졌다. 자동차 대부분이 석유를 증류해 얻은 휘발유와 경유로 달리고 있다. 그런 자동차의 생태계는 석유와 전기에너지를 함께 쓰는 하이브리드 차량을 거쳐 전기차로 넘어왔다. 지금은 수소전기차까지 출시된 상태다. 석유를 대체하는 에너지로써 전기차는 많은 장점을 갖고 있다. 그럼에도 불구하고 충전소가 별로 없고 충전시간이 너무 길다는 치명적 단점도 있다. 주유소에서 기름을 넣는 시간과 비교했을 때 수십 배가 넘는 시간을 들여야만 완충이 가능하다.

이런 단점을 보완하고자 수소전기차가 개발되었다. 전기에너지를 사용한다는 장점과 더불어 5~15분 정도의 짧은 충전시간을 자랑한다. 현재 대한민국은 수소 경제 활성화에 총력을 기울이고 있으며 2030년까지 수소차와 연료전지에서 세계 1위를 차지하겠다는 목표를 세운 상태다. 만약 수소전기차가 미래의 주요 운송수단이 된다면 앞으로 거리의 주유소들은 레코드 가게가 사라졌던 것처럼 자취를 감추게 될지도 모른다.

19세기까지 마차는 인류의 주요 운송수단이었다. 하지만 마차에 익숙해 있던 인간은 미래를 내다보지 못하고 자동차 같은 발명품이 절대로 나올 수 없다는 공식 입장까지 내놓았다. 필름 카메라를 사용하던 사람들은 사진을 얻으려 절대적으로 필름에 의존해야 했다. 하지만 디지털카메라가 출시됨과 동시에 그들은 아무 미련 없이 필름카메라를 내던져버렸다. 필름 카메라가 갖고 있던 고질적 불편함과 번거로움이 디지털카메라에는 없기 때문이다.

지금 우리는 거대한 변화의 흐름 그 가운데에 서 있다. 이미 편리함을 맛본 인간은 필름카메라와 마차를 추억하지 않는다. 석유보다 다른 에너지를 더 많이 사용하게 될 미래에 우리는 어떤 것을 준비해야 하며 또 어떤 것을 포기해야 할지 생각이 필요한 때이다.

코로나19가 디자인한 경제

바이러스경제학

코로나19의 전파속도와 위력은 이전 메르스나 사스 등과 같은 역대 질병 중 최고 수준이다. 그로 인해 우리 지갑에 타격을 입히는 경제위기와 생명이 위협받는 질병의 확산, 그리고 외출 자제 및 사회적 거리 두기까지 그 공포는 재앙의 단점들만 묶어놓은 재앙 선물 패키지라고 해도 과언이 아니다.

1929년 미국 대공황 이후 경제위기는 우리에게 잊히기 무섭게 주기적으로 다시 찾아왔다. 우리는 1998년 IMF를 경험한 뒤 10년이 지난 2008년에 또 다른 미국발 금융위기를 경험했다. 다시 10여 년이 지난 2019년엔 코로나19 바이러스 사태로 경제적 타격을 입게 되었다.

여행업 등 경제 전반에 많은 영향을 끼쳤지만 그중 가장 먼저 극장의 관객이 거의 소멸되다시피 줄었다. 극장의 매출은 우리나라 전체 영화 매출액의 약 80% 가까이 차지하는데, 영화를 제작해도 영화상영을 통해 얻는 경제적 효과가 없어서 영화산업 전체가 위축되는 결과를 초래하고 있다. 종교계 또한 마찬가지다. 대부분의 종교 활동을 온라인으로 대체하거나 취소하는 등의 발 빠른 대처를 해야만 했다. 그런가 하면 500년의 역사를 자랑하던 대구 서문시장은 묻지도 따지지도 않은 채 전면폐쇄를 강행하기도 했다.

질병이 확산되는 시점에서 각 국가는 외교를 잠시 내려놓고 자국민을 우선 보호하는 움직임이 보여주었다. 코로나19 발생 직후 이스라엘 성지순례를 다녀온 한국인들의 집단감염 소식이 발표되자, 이스라엘은 자국 전세기를 활용해 한국인 420명을 모두 인천국제공항으로 돌려보내는 얄미운 민첩성을 보였다. 중국과 친형제처럼 지내던 북한도 질병의 유입을 막기 위해 중국과의 모든 국경을 폐쇄했다.

국가 안에서는 자국민에 대한 통제가 이루어졌다. 외출이 어려운 전쟁과 같이 코로나19는 자가 격리자의 외출을 차단한 채 집 안에서만 2주간을 지내게 했다. 보건당국에서는 일반인이 자가 격리 중인 사람과 접촉하지 못하도록 지침을 내렸다. 이런 자가 격리는 요양보호사의 도움 없이 화장실에 갈 수도, 끼니를 때울 수조차 없는 거동이 불편한 노인들에게 위험한 상황을 제공하기도 했다.

바이러스에 대처하는 국가들의 모습만 봐도 위기대처에 대한 경제체계를 알 수 있다. 코로나19로 인해 뒤숭숭했던 2020년 초에도 북한은 개의치 않은 듯 미사일을 발사했고, 일본은 도쿄올림픽을 정상 개최하겠다고 말했다가 국제적 망신을 샀다. 이는 현명하지 못한 근시안적 대처였다. 미국은 자국민이 해외 출장 후 코로나19 검사를 받은 뒤 음성판정을 받더라도 약 400만 원에 달하는 검사비를 내야만 한다. 이 경우 우리나라에서는 무료로 검사를 받는다. 해외에 다녀온 적이 없고, 무료검사 대상이 아니라면 일부 비용을 내야 하지만 이후 확진 판정을 받게 되면 전액 돌려받는다.

바이러스는 경제시스템 외부에서 발생한 뒤 경제 현상에 침투해 적지 않은 영향을 미친다. 어쩌면 주기적으로 발생하는 이런 위기는 우리의 대처능력을 시험하는 큰 그림일지 모른다. 미리 막지 못한다면 대응해야 한다. 경제적 측면이나 방역, 예방 차원 등 여러 방법이 있으나 중요한 것은 그렇게 대응하다 보면 근력이 생긴다는 사실이다. 한번 경험한 실수를 다시 반복해서는 안 된다.

이미 발생한 위기를 대처하려고 힘쓰는 것보다 위기를 미연에 방지하고 미리 막는 행동이 더 지혜롭다. 우리는 지금 어떠한 상황에 처해 있는지 스스로 점검하고 생각을 가다듬어야 한다. 분명한 건 시간이 흐르면 모든 재난은 반드시 지나간다는 것이다.

이미 세계문화가 된 대한민국의 대중문화

BTS경제학

2013년 데뷔한 BTS(방탄소년단)는 매일 유튜브 채널에 각자 일기형식의 기록을 남겼다. 그들은 대부분의 노래 내용이 남녀관계나 사랑에 치우쳐 있던 당시 상업적 흐름에서 벗어나 자기 자신을 사랑하고, 꿈을 꾸며 그 꿈을 성취해가는 내용으로 채워나갔다. 멤버가 직접 참여해 가사를 쓰면서 곡의 완성도를 더했고, 유튜브 채널로 팬들과 밀접한 커뮤니케이션을 이루며 진정성 있는 소통을 이어나갔다. 이러한 노력이 결실을 맺으며 청년층을 중심으로 반응하기 시작했다. 이를 계기로 그전까지는 갑을관계에 가까웠던 '아티스트 vs 대중'의 사이가 가까이서 소통하는 친구 관계로 변하게 되었다.

현재 BTS는 전 세계적으로 세운 대기록들을 더 큰 기록으로 갱신하고 있다. 팝의 전설인 비틀스가 세운 기록들과 대등한 선에서 비교될 정도이니 현존하는 최고의 시대적 아이콘이라 해도 손색없다. 2020년의 시작과 동시에 불어 닥친 코로나19 바이러스 때문에 크고 작은 공연들이 줄줄이 취소되는 상황이 벌어졌다. BTS의 공연도 마찬가지로 취소되어 막대한 경제적 손실을 입었다. 그러나 BTS의 팬클럽인 ARMY는 공연 취소로 인해 환불받게 될 금액을 코로나19 바이러스 극복 단체에 기부하는 등 성숙한 시민의식을 보여주었다. 그 덕분에 BTS의 인식은 사회적으로 더욱 격상되었다.

현대경제연구원의 보고에 따르면 BTS가 데뷔한 이후 연평균 약 80여 만 명의 해외 관람객들이 한국을 방문하고 있다고 한다. BTS 관련 상품 판매를 통한 연평균 수익이 11억 달러에 달하는 등 BTS로 인한 경제효과가 1년에만 5조 원을 넘는다고 밝혔다. 프랑스의 비평가인 기 소르망은 1990년대 말 한국에서 발생했던 IMF사태의 원인을 분석했는데 문화적 이미지의 부재로 인한 한국 상품의 국가경쟁력 약화에서 비롯되었다고 정리한 바 있다. 그때의 힘들었던 기억을 씻기 위함일까, 대한민국은 영화 '기생충'의 아카데미 수상과 함께 BTS의 선전으로 세계 최고의 문화적 성과를 과시하고 있다.

이전 세대는 천연자원과 인적자원이 풍부한 땅에 살아야 경쟁력 있는 것으로 인식해왔지만 현재의 글로벌 경제 체제하에서는 세계 어디서든 값싼 자원과 노동력을 효율적으로 조달하고 확보할 수 있게 되었다. 그로 인해 글로벌 경쟁력의 핵심이 물적 자본에서 문화 자본으로 이동해 올 수 있게 됐다.

mp3 플레이어가 등장하기 이전인 1990년대까지 음악이라는 콘텐츠를 소비하기 위해서는 반드시 CD나 테이프를 이용해야만 했다. 음반사에서는 많은 사람이 음악을 듣게 하려면 CD와 테이프를 더 많이 제작해야 했고, 어쩔 수 없이 음원생산비용이 발생했다.

하지만 2000년대로 접어들면서 mp3 플레이어가 대중화되었고, 사람들은 CD와 테이프를 이용하지 않고도 음악을 들을 수 있게 되었다. mp3로 된 음원을 고객이 다운로드받을 때마다 음반사의 수익은 창출되지만 음원생산비용은 증가하지 않으므로 경제성 측면에서 효율적이다. 지금은 테이프, CD, mp3 등의 제품을 찾아보기 힘들 정도로 유튜브, 멜론 등의 음원 스트리밍 시대에 살고 있다. 이제는 더 이상 가수들이 CD로 제작된 음반판매 수익에만 집착하지 않는다.

엘빈 토플러는 저서《제3의 물결》에서 기존까지는 토지, 노동력을 비롯한 물적자본이 생산의 주된 요소였지만 앞으로는 문화와 지식의 유통, 응용 등이 주된 요소가 될 것이라고 내다보았다.

문화가 어떻게 생산자본이 될 수 있을지 의아해한다면 상징자본을 중요시해오던 일본 SONY사를 보면 이해할 수 있다. 일본 소비자는 전자제품에 SONY사의 상표가 붙어 있는 것을 본 순간 써보기도 전에 품질이 좋을 것이라고 믿는다. 회사에 대한 신뢰를 바탕으로 한 상징자본이 작동하고 있기 때문이다. '제품의 품질은 모르지만 SONY사 제품이기에 분명 좋을 것'이라는 신뢰감은 큰 경제적 가치를 지니고 있다. BTS의 새

앨범이 발매될 때마다 '아직 음악을 들어보지는 않았지만 BTS이기 때문에 좋을 것'이라는 생각이 과하지 않듯 말이다.

영화 '보헤미안 랩소디' 속의 밴드 퀸은 70년대에 결성되어 그 시대를 풍미했다. 그들은 오랜 시간이 지난 지금에도 영화로 재탄생돼 그 가치를 인정받았다. 한 시대에 획을 그을 만큼 큰 활약을 하고 그 세대와 함께한 추억이 있다면 오랜 시간이 지나도 엄청난 경제효과를 거둘 수 있다. BTS는 권위적이지 않은 태도로 전 세계 팬들과 소통하며 지내온 덕분에 세계시장에서 최고의 권위를 누리고 있다. 밴드 퀸의 경우처럼 오랜 세월이 지나도 지금 세대는 BTS를 배신하지 않을 것이다.

#03

생활을 이롭게 하는 디자인경제

똑똑하게 사는 방법을 찾아라

연비경제학

경제학은 한정된 자원을 유용하게 활용하여 더 큰 만족을 얻는 방법을 연구하는 학문이다. 경제활동을 하는 인간이라면 합리적인 선택을 한다는 가정을 기본으로 깔고 있다. 경제학을 전공하지 않은 사람일지라도 어떠한 선택을 두고 따져보는 '가성비'는 이제 일상적 용어가 되었다. 가성비를 넘어 심리적 만족감을 충족하는 '가심비'라는 말까지 나왔다. 우리가 어떤 선택 앞에서 '가성비'나 '가심비'를 따져보는 것은 당연한 일이다. 경제적 사고를 바탕으로 결정한다는 뜻이기 때문이다.

디자인경제학에서는 디자인(구성)에 반응하거나 디자인에 의해 경제활동의 결과가 달라지는 경제 현상에 초점을 맞추고 있다. 당연한 말이지만 디자인 완성도가 떨어진다면 사람들에게 선택받지 못한다. 소비자들에게 '기회비용'으로 전락하게 되기 때문에 기업은 사람들의 선택을 받기 위해 디자인 경영 측면에서 노력을 가속화하고 있다.

쏘나타는 대한민국에서 가장 많이 팔리며 '국민차'라는 별명을 얻고 있다. 이 차는 독일 폭스바겐사의 소형차인 골프와 가격이 거의 같다. 차이가 있다면 쏘나타는 발전해가는 테크놀로지에 발맞춘 최첨단 기능들이 탑재되어 트렌디한 반면, 골프는 별다른 첨단 기능이 없는 기본 중의 기본 자동차다. 게다가 쏘나타가 중형차인데 반해 폭스바겐 골프는 소형이다.

같은 값을 지불하고 '가성비'를 생각한다면 실내가 좁고 별 기능 없는 폭스바겐 골프 대신, 실내가 넉넉하고 최첨단 기술이 탑재되어 있는 현대 쏘나타를 사는 게 논리적으로 맞다. 하지만 지금도 쏘나타 대신 골프를 선택해 타고 다니는 사람들이 존재한다. 그런데 그들은 절대로 자신들이 '가성비'를 놓친 비합리적 선택을 했다고 생각하지 않는다. 오히려 상대적으로 높은 가심비에 만족한다.

동일한 에너지를 사용하고도 더 먼 곳까지 갈 수 있을 때 우리는 연비가 좋다는 표현을 쓴다. 자동차 연비 15km는 1리터 기름으로 15km까지 주행할 수 있다는 뜻이다. 연비를 중요하게 따진다면 휘발유차나 경유차 대신 전기차를 구매하는 게 맞다. 하지만 전기차는 충전소가 많지 않고 충전시간이 오래 걸린다는 치명적인 단점이 있다. 그래서 연비를 중요시하지만 전기차가 아닌 휘발유차를 구매하는 것은 자신의 라이프스타일을 간편하게 디자인하는 합리적인 선택을 한 것이다. 눈앞의 지출을 줄이는 경제효과보다 시간을 절약하여 얻을 수 있는 효율을 따진 결과라고 볼 수 있다. 사람들은 어떤 선택이 자기 생활에 경제적 효율을 가져다주는지 본능적으로 합리적인 판단을 한다.

높이 치솟는 휘발유 값에 대한 효율적 대안으로 하이브리드 자동차가 생산되고 있다. 국내에는 현대·기아자동차를 통해 생산되어 판매된다. 이 하이브리드 차량은 휘발유와 전기에너지를 함께 사용함으로써 에너지 효율을 높여줘 휘발유를 단독으로 사용하는 차량보다 더 먼 거리를 운행할 수 있다. 하지만 차량 가격이 휘발유 차량에 비해 훨씬 더 비싸다는 단점이 있다. 비싼 차량가격을 지불하고 기름값을 적게 소비하며 살 것인지, 아니면 상대적으로 싼 가격의 차를 사고 기름값을 많이 낼 것인지는 소비자가 선택해야 한다. 모든 사람은 자기 상황에서 최대한 합리적인 선택을 한다. 따라서 선택의 결과 또한 각기 다르게 나온다.

우리는 매순간 크고 작은 선택 앞에서 고민한다. 대통령의 선택으로 국가 경제가 좌우되고, 개인의 선택으로 가족이 웃거나 울게 될 수 있다. 나라가 힘들어질 때가 있거나 가족이 울게 되는 경우가 생긴다는 건 인간의 선택이 매번 합리적이지만은 않다는 뜻이다. 모두를 충족시키는 선택은 없다. 그러기에 우리는 경제활동에 있어서 가성비 높은 생활을 디자인할 것인지, 가심비 높은 쪽으로 디자인을 할 것인지 선택해야 한다. 그 선택에 정답은 없다.

같이 쓰는 이로움, 함께 쓰는 즐거움

공유경제공화국

최근 프랑스 파리, 영국 런던을 비롯한 유럽의 주요 도시에서는 내 집 장만이 하늘의 별 따기만큼 어렵다. 집주인들이 세계 최대 숙박 공유업체인 에어비앤비Airbnb를 통해 자가 주택을 통한 숙박영업을 하고 있기 때문이다. 에어비앤비는 내가 거주하는 집에 남는 빈방을 일정 기간 손님에게 빌려주고 경제적 이득을 취하는 주택공유 서비스 플랫폼이다. 치솟는 집값에도 불구하고 주택매물이 없다는 건 매매보다 에어비앤비를 통한 영업이 훨씬 더 남는 장사라는 이치이다. 에어비앤비는 이미 국내에도 상륙해 한국을 찾는 많은 외국인 관광객들에게 머무를 곳을 제공하고, 이를 통해 집주인은 적지 않은 수익을 내고 있다.

그런 현상 덕분인지 집을 소유해야만 내가 존재할 수 있다는 인식도 점점 변화하고 있다. 국내에 상륙한 공유경제문화는 공유자전거, 공유자동차를 넘어 공유주택으로 범위를 넓히며 우리 생활 속에 뿌리내리고 있다. 1인 가구 증가를 통한 소비형태의 변화는 이 같은 현상을 더욱 가속화하며 주거환경을 변화시키고 있다.

차량도 공유하고 사는 집과 사무실도 모두 공유하고 나니 이제는 남는 시간을 활용하는 긱 이코노미Gig economy 현상이 보편화되고 있다. 퇴근 후 남는 시간을 쪼개서 동네에 필요한 음식배달 알바를 하고, 집에 도착해서는 다른 회사의 일을 재택근무로 처리할 수도 있다. 워라밸(일과 생활의 균형)을 중시하는 풍조가 더해져 유연한 근무형태를 자랑하는 긱 이코노미는 미래의 채용형태마저 새롭게 디자인하는 중이다.

얼마 전에 120년 역사를 가진 동화약품이 사옥을 버리고 공유 오피스에 입주하면서 업계의 역사를 새롭게 쓰기 시작했다. 오래된 회사라 보수적일 것 같다는 편견을 과감하게 깨버리고, 빠르고 유연하게 시대의 변화에 앞장선 것이다. 2008년 미국발 금융위기에 대한 대안으로 하버드 법대에서 나온 공유경제의 개념은 대량생산과 대량소비를 막고 자원을 유용하게 사용하자는 발상에서 시작됐다. 하지만 이제는 글로벌 트렌드이자 사회적 통념으로 자리 잡아가고 있는 중이다. 이렇게 변해가는 경제체제 속에서 앞으로 우리는 어떠한 전략으로 삶을 디자인해나가야 할지 다시 한 번 곰곰 생각해볼 필요가 있다.

혼수품으로 각광을 받는 의류 관리기는 혼자 사는 좁은 집에 사놓기에는 다소 부담스러운 부피와 가격의 제품이다. 그런데 서울 강남의 한 편의점 매장 내에 의류 관리기를 설치했다고 한다. 고객의 편의 차원에서 이용할 수 있도록 한 영업 전략이다. 요즘은 신용카드나 택배의 수령도 편의점에서 가능하다. 바야흐로 시민의 편의를 극도로 증진 시켜주는 역할을 편의점이 담당하는 시대가 된 것이다.

편의점이 국내에 첫선을 보인 1990년대에는 심야 시간에도 이용 가능한 상점이라는 개념이 강했다. 그래서 광고도 '24시간' 영업을 강조했다. 2000년대 들어오면서 많은 편의점 브랜드가 우리나라에 론칭하며 경쟁 구도가 심화되기 시작했다.

그런 경쟁의 시대를 거쳐 지금은 시민들이 진짜 편리함을 느끼는 '편의점'이 되었다. 편의점에서 취급하는 서비스품목도 기존 산업을 위협할 정도로 확장해나가고 있다. 세탁물 접수는 물론 공과금도 편의점에서 납부가 가능하다. 퇴근하고 가면 문이 닫힌 우체국의 운영시간 때문에 골치 아파할 필요도 없고, 대형마트가 근처에 없어도 신선한 과일을 먹을 수 있다. 인터넷으로 주문해놓고 퇴근길에 집 앞 편의점에서 수령하면 된다. 공유 차량 서비스도 편의점에서 이용이 가능해졌다.

즉, 일상에서 불편했던 사항을 편의점이 해결해주고 있는 셈이다. 만능해결사처럼 서비스의 범위가 확장되고 있다. 이 현상을 확대해석해보면 '편의점'이란 장소가 공유경제의 주축이 되지 않을까 싶다. 먼 미래 아니 가까운 미래에 실현될 것이라고 조심스럽게 예측해본다.

호캉스 대신
집캉스를 즐기는 시대

공간경제학

제2차 세계대전이 끝난 이후 유럽 지식인들은 계급제도에 대한 비판과 함께 식민지에 대한 반성을 이어갔다. 그 과정에서 기능주의적 건축이 획일성을 가져왔기 때문에 삶의 특수성이 상실되었다는 분석이 나왔다. 이를 계기로 건축양식은 유기적이며 개방적 사고를 중심으로 하는 구조주의로 전환되기 시작했다.

밀레니얼 세대들이 흔히 하는 말 중에 '요즘 감성'이라는 표현이 있다. 그들은 인스타그래머블한 감성적인 공간을 찾아다니며 '요즘 감성'을 사진 찍어 올린다. 언제부터인가 스마트폰 시장의 마케팅 관점은 전화통화의 기능이 아닌 카메라에 집중되었다. 덕분에 스마트폰 유저들은 고성능의 카메라가 장착된 휴대폰을 이용해 언제 어디서든 감성적인 사진을 찍는다. 그리고 즉시 SNS에 업로드하고 타인과 공유하는 삶을 산다.

'요즘 감성'을 중시하는 밀레니얼 세대는 교외에 위치한 넓은 집보다 다양한 편의를 누릴 수 있는 도심 속 적당한 크기의 집을 선호한다. 그 때문에 적당한 가격에 지낼 수 있는 셰어하우스가 이미 서울을 중심으로 많이 생겨났다. 그중에는 호텔에서만 경험할 수 있던 객실 청소와 조식 서비스를 제공하는 곳도 있다. 완성도 높은 공간디자인까지 더해져 이젠 마치 호텔에서 지내는 것 같은 감성을 불러온다.

내 집 마련을 최우선 순위로 삼던 이전 세대와는 달리 요즈음은 집을

소유의 대상이 아닌 경험의 대상으로 인식하는 경향이 있다. 또한, 구독 경제의 확산으로 내가 지내는 공간도 구독이 가능한 형태로 점점 변해가고 있다. 공간의 성격을 구분 짓는 '경계'와 '차이'의 벽도 허물어지고 있다. 어느덧 호텔은 점점 주거형태로, 거주를 위한 공간은 에어비앤비 덕에 누군가의 숙박을 위한 공간으로 변해가는 추세다. 수도권을 비롯한 주요 도심에는 여러 복합문화공간이 활성화되고 있다. 이들의 존재는 공간의 획일적 사고를 차단하고 유기적이며 밀도 높은 사용을 가능케 한다.

우리가 정확히 인지하지 못하지만 공간은 이미 우리에게 소비의 대상이다. 예쁜 호수 전망을 보기 위해 찾아가는 카페, 아름다운 오션 뷰를 보며 휴식을 취하기 위해 예약하는 호텔 등 우리는 특별한 목적을 이루기 위해 공간을 사용한다고 생각했지만, 사실 그 공간 자체에 목적을 둔 경제활동을 하고 있었던 것이다. 최근에는 입장료를 내야만 출입이 가능한 럭셔리 도서관이 강남에 생겼다. 미국 아마존사는 직원과 계산대가 없이 QR코드로만 운영되는 무인 슈퍼마켓을 운영한다. 대우건설에서 시공하는 인천광역시의 리조트형 아파트에는 단지 내에 수영장이 아닌 워터 파크를 짓고, 전문 식품업체와 공급계약을 체결해 하루 세끼를 서비스받는 시스템을 개발하겠다고 했다. "거긴 거기니까 꼭 그래야만

해."라는 틀에 박힌 공식은 더 이상 공간디자인에 적용되지 않으며 점점 더 새로운 방식의 공간경제가 생겨나는 것이다.

우리나라 쇼핑과 유통 분야의 최대기업인 롯데는 앞으로 오프라인 쇼핑에 대한 투자를 줄이고, 매장 수도 점차 줄여나가겠다고 발표했다. 인터넷 쇼핑과 소셜커머스, 홈쇼핑의 발달과 편리한 배달 서비스의 보편화로 인해 오프라인 쇼핑매장에 대한 공간의 효율성이 저하되었기 때문이다. 미국 아마존사에서 인건비가 발생하지 않는 무인 슈퍼마켓을 개발한 것도 같은 맥락에서 이해된다. 우리가 직장에서 연봉협상을 하거나 물건을 살 때 고려하는 경제적인 방법론이 공간을 이용하는 상황에서도 똑같이 적용되고 있는 것이다. 경제성이 없다면 제거되는 지금의 사회 흐름 속에서 우리는 무엇을 준비해야 할까? 이젠 공간에 대한 고정된 시각에 벗어나야 할 때이다.

활용의 범위를 넓혀라

드라이브 스루 경제학

코로나19는 세계 경제의 많은 부분을 바꾸어놓았다. 19세기 사회 모습과 크게 다를 바 없던 대면 문화는 굳이 얼굴을 마주하지 않고서도 소통이 가능한 언택트Un-contact 문화로 넘어왔다. 덕분에 우리는 '충분히 할 수 있었으나, 하지 않고 있었던' 미래 시대의 개막을 앞당겼다. 코로나19로 인해 전 세계의 경제가 휘청거렸지만 배달 업계만은 전례 없는 호황을 맞았다. 로켓배송과 새벽배송을 앞세우며 공격적 마케팅을 이어나가는 쿠팡은 코로나19가 발생한 뒤 창사 이래 최대 매출을 기록했다. 미국 아마존사는 직원 10만 명을 추가로 고용하기로 했고, 시간당 급여도 일정 기간 인상하기로 했다.

코로나19의 여파로 배달에 대한 소비자 의존도가 절대적으로 상승하던 시기에 배달 업계 1위인 배달의 민족이 업체 수수료 부과율을 높이며 때아닌 갑질 논란에 휩싸였다. 하지만 참여업체와 소비자의 여론이 불리해지자 배달의 민족은 수수료율 변경 계획을 철회하며 해당 내용을 해프닝으로 마무리했다. 그럼에도 불구하고 배달의 민족에 실망한 소비자들은 전화로 주문을 하는 등 일시적 파장이 일기도 했다.

배달원이 배달을 오지 않고 소비자가 직접 수령하는 드라이브 스루 또한 대안으로 떠올랐다. 초창기 패스트푸드와 커피를 손쉽고 빠르게 판매하기 위해 시작되었던 드라이브 스루 방식은 대한민국에서 코로나19 위기를 대처하기 위한 선별진료소 운영 시스템으로 응용되었다. 위기 기간 중 그 합리성을 인정받아 각종 농수산물, 꽃, 호텔 음식을 비롯하여 생선회까지 드라이브 스루 서비스를 활용하게 되었다.

드라이브 스루는 미국에서 시작된 문화이지만 코로나19 사태의 심각성을 인식한 대한민국에서 적극적으로 활용하며 위기대처에 활용했다. 이에 도리어 미국에서 우리나라의 드라이브 스루 선별 진료 방식을 따라 하는 현상이 벌어졌고, 민첩하면서도 범용성 있는 우리의 대처능력이 전 세계적으로 각광을 받게 되었다.

드라이브 스루는 손바닥을 서로 부딪치면서 지나는 인사법인 하이파이브와 비슷하다. 하이파이브는 1977년 미국 로스앤젤레스 다저스타디움에서 LA 다저스 3번 타자 더스티 베이커가 홈런을 친 후 홈으로 되돌아올 때 동료 글렌 버크와 손바닥을 부딪치면서 탄생했다. 격식을 차리며 악수하는 인사법에 비해 격은 좀 덜 하지만 간단하고 직관적인 인사법이다. 무엇보다 인사를 나누는 데 긴 시간이 소요되지 않는다. 드라이브 스루 역시 긴 시간이 걸리지 않는다. 차량을 주차하고, 홀에 들어가 자리를 잡고, 주문하고, 음식을 수령하기까지 걸리는 일반적 시간을 차 안에서 해결되도록 시간을 단축시켜준다.

미국을 대표하는 월마트도 드라이브 스루 방식을 적용하여 소비자가 온라인으로 주문하고 드라이브 스루로 수령할 수 있도록 했다. 경기도 성남시는 코로나19 발생 이후 14곳의 공공도서관의 출입을 폐쇄한 뒤 일정 기간 드라이브 스루 방식으로만 운영했다. 인천광역시에는 코로나19 발생 이전부터 24시간 드라이브 스루 전용 도서관이 운영되고 있었다.

살면서 위기는 늘 예측하지 못한 상태로 다가온다. 코로나19 발생 전 드라이브 스루는 편리했고, 코로나19 발생 후 드라이브 스루는 감염의 확산을 막아주는 안전한 방법으로 활용되었다. 단순히 시간을 단축하고 편리함만을 제공하던 드라이브 스루의 아이디어는 위기상황이 되자 편리함을 넘어서 생명의 위협을 막는 보호 장치로 발전했다. 이렇듯 우리 경제에도 범용성 높은 아이디어가 필요하다. 훌륭한 아이디어는 일상적인 행동의 불편함을 해소하려는 순간 매우 단순하게 시작되는 경우가 많다.

고객의 편의를 위한 세계 최고 수준의 연구

편의점경제학

대한민국의 편의점은 야간통행금지가 전국적으로 해제되는 시기에 논의되었다. 1989년 5월 서울에 세븐일레븐 1호점을 시작으로 서서히 급물살을 타기 시작했다. 우리나라의 편의점 사업은 미국보다 60년, 일본보다 20년이나 늦은 출발이었다. 하지만 이제는 세계 어느 나라와 비교해도 뒤지지 않을 만큼 빠른 기간 내에 질적, 양적 성장을 이룩했다. 우리나라를 찾는 외국인 관광객들로부터 "한국 편의점에서는 많은 것을 할 수 있다."라는 평을 들으며 새로운 문화 경험을 제공하고 있다.

고속도로에는 휴식을 취하거나 연료를 보충할 수 있는 휴게소가 있다. 도심 속에서 가볍게 들어가고 나올 수 있는 편의점처럼 고속도로를 달리다 쉽게 진입하고 또 나올 수 있다. 넓은 주차공간이 있기에 대형 마트나 백화점처럼 주차하는 데 시간을 낭비할 필요도 없고, 주차요금도 따로 내지 않는다. 고속도로 휴게소는 우리에게 매우 익숙한 개념이지만, 우리나라를 찾는 외국인들은 우리의 휴게소를 보며 감탄한다. 미국을 비롯한 다른 나라는 고속도로에 소형 주유소와 작은 편의점만 드문드문 있을 뿐 우리나라처럼 대형 휴게소의 개념은 존재하지 않는다. 이 점만 비교해도 대한민국은 '손님의 편의'에 대한 연구와 노력이 세계 최고 수준인 국가라 해도 전혀 과언이 아니다.

우리나라에 편의점 문화가 시작된 초창기에는 단순히 24시간 출입이 가능한 슈퍼마켓 정도의 의미였다면 지금은 우편 및 택배, 음식배달과 자전거 대여까지도 가능한 공간으로 발전했다. 대형마트가 큰 규모 때문에 하지 못했던 소소한 일들을 유기적으로 제공하며 영업한다. 의류 관리기인 스타일러까지 설치한 편의점이 등장한 것을 보면 고객 밀착형 운영으로 편의 제공의 범위가 점차 확대되고 있음을 알 수 있다.

한강공원에 가면 '한강공원=편의점'의 절대적 공식을 경험할 수 있다. 거의 모든 한강공원마다 편의점이 설치되어 있고, 이 편의점은 한강공원이라는 한정된 공간 안에서 백화점급의 위상을 뽐내고 있다. 한강공원의 편의점은 공원 주변에 누릴 수 있는 편의시설이 없기에 사막의 오아시스와 같은 가치를 지니고 있는 것이다.

경제학에서 말하는 '그레샴의 법칙'은 낮은 비용으로 만든 것과 높은 비용으로 만든 것이 동일한 가치로 인정받게 될 때 높은 비용으로 만든 것은 시장에서 자연스럽게 사라지게 된다고 설명한다. 편의점 문화가 성장하여 대형마트와 대등한 수준의 인식이 소비자에게 심어지게 되면 상대적으로 높은 비용을 들여 만들어진 대형마트는 도태될 수밖에 없다. 시장의 판도가 뒤바뀌는 것이다. 유통업계의 공룡인 롯데가 오프라인 쇼핑 분야의 다운사이징을 결정한 이유도 이 논리와 일맥상통한다.

현대사회의 꼼꼼하고 똑똑한 소비자들은 꼭 사야 하는 물건은 인터넷에서 가격을 비교하며 빠른 배송서비스를 보고 구매한다. 반면에 당장 급한 건 편의점에서 해결한다. 온갖 편의를 누릴 수 있는 서비스를 편의점이 제공하니 찾지 않을 이유가 없다.

한 편의점 본사 개발팀은 점포 한 곳을 오픈하기 위해 200개가 넘는 요소를 꼼꼼히 조사하고 따져가며 준비한다고 한다. 심지어 후보지가 결정되면 시간마다 유동인구를 분석하고 주변 환경, 매장과 도로와의 거리, 주변에 주차된 수입차까지 확인한다. 규모만 작을 뿐 편의점 오픈 역시 대형마트 못지않은 입지분석과 사업 타당성에 대한 조사가 이루어지는 것이다.

신도시가 많이 생겨나면서 큰 도시의 기능들이 주변으로 분산되어 재배치되었다. 1인 가구의 확산으로 가족 단위도 점점 분산되고 있다. 이에 따라 편의점 경제가 발전하는 현상은 자연스러운 것이며, 이때 편의점의 질적 수준을 높이는 전략은 매우 민첩한 행동이라 할 수 있다. 시대의 변화에 발 빠르게 대처하는 것 또한 국가와 국민의 저력이다.

#04

관계를 이롭게 하는 디자인경제

소통에는 기대 이상의 효과가 있다

소통경제학

사람들이 경제활동을 할 때 저마다 즐겨 찾는 브랜드가 있다. 그들은 그 브랜드에 익숙해져 계속해서 다시 이용하게 된다. 행동경제학에서는 이 같은 경제 행동을 '손실 회피 경향'이라 부른다. 익숙지 않은 다른 브랜드를 선택했을 때 입게 될 '손해'를 걱정해서 익숙한 브랜드를 선택한다는 것이다. 자신의 경험을 근거로 무난한 이득을 취하려는 행동이다. 그로 인해 선호 브랜드가 외형 디자인을 바꾸거나 브랜드 자체적으로 새로운 시도를 할 때면 그 브랜드에 우호적인 사람들의 경제활동이 급격히 위축된다. 브랜드의 본질이 변하지 않더라도 같은 현상이 일어난다.

디자인경제학에서는 이를 '소통의 경제'라 부른다. 브랜드는 시스템과 디자인 등을 통해 이미지를 만들고 이로써 고객들과 유기적으로 소통한다. 고객은 자신이 선택한 브랜드로 경제활동을 하며 다시 소통을 이어나가는 것이다. 만약 고객이 그 브랜드에 대한 경제활동을 멈춘다면 소통의 경제가 좋지 않다는 것을 의미한다.

국내 스타트업 회사 중에 120억 원의 투자유치를 이뤄내며 급성장한 벤처기업이 있다. 개인 동영상의 홍수 속에서 '사람들이 취미로 할 만한 것'에 집중해 동영상 강의를 제공하는 '클래스101'이라는 회사다. 이 회사는 수강자들에게 취미생활을 위한 준비물까지 직접 챙겨주는 파격적 마케팅을 진행하며 승승장구하고 있다.

클래스101에는 기존 회사와는 다른 독특한 기업문화가 있다. 기업의 대표를 포함 100여 명의 직원은 직급 없이 닉네임으로 호칭하고 서로 반말을 한다. 심지어 직원들 간 서로 본명도 나이도 모른다. 조직 내 소통의 벽을 없애고 커뮤니케이션 비용을 최소화하기 위함이라고 한다. 그들의 말 속에서 소통의 경제가 강하게 실현되고 있다는 사실을 느낄 수 있다.

편의점 브랜드 '위드미'는 "신세계에서 운영합니다."라는 광고 문구를 매장마다 앞세웠지만 편의점 브랜드경쟁에서 고전을 면치 못했다. 그래서 전략을 바꿔 브랜드명을 '이마트24'로 바꾸자 매출이 급상승했다. 고객과 가까이서 소통해오던 '이마트' 브랜드에 고객이 반응한 결과이다. '이마트24'는 대중과 소통의 경제를 실현했다.

반면 한국형 드러그스토어인 'GS왓슨스'는 브랜드명을 '랄라블라'로 변경하고 야심차게 론칭했지만, 오히려 매출이 급감하고 있다. 고객과 밀접하게 소통해오던 브랜드의 디자인이 갑자기 변하자 고객들이 소통을 끊은 것이다. 브랜드가 추구하는 본질이 변하지 않았음에도 소통이 멈추게 된 건 행동경제학에서 말하는 '손실 회피 경향'과는 다른 이치다. 디자인경제학의 소통 경제가 실현되지 못한 까닭이다.

코로나19 발발 직전부터 한국과 일본 간의 소통은 좋지 못했다. 2019년도 말 우리 국민은 일본이라는 국가와 더는 소통하지 않기로 약속이라도 한 듯 일본 브랜드에 대한 경제활동을 멈췄다. 그로 인해 닛산자동차는 한국 시장에서 철수를 선언했고, 일본 패션 브랜드인 데상트는 국내 백화점 매장을 단계적으로 축소하는 등 손해를 감수해야 했다. 그뿐 아니라 아사히 맥주는 수입 주류에서 판매 1위를 달렸지만 외교 마찰이 불거진 뒤 불매운동이 이어지면서 매출액이 곤두박질쳤다. 우리나라와의 소통을 잘못 디자인한 일본 정부 때문에 일본 국민은 관광산업과 수출에 대한 손실도 감수해야 했다. 손해를 보면서까지 낡은 원칙을 고수하는 일본 정부에 소통의 경제학을 가르쳐주고 싶을 뿐이다.

손님은 절대 왕이 아니다

소유경제공화국

우리나라 사람은 근본적으로 소유에 대한 집념이 강하다. 카페나 식당을 이용할 때도 대부분 '내가 나가기 전까지 내가 앉은 자리의 주인은 나'라고 생각한다. 서비스업에 있어 세계 최고 수준을 자랑하는 우리나라 서비스의 바탕에는 "손님이 왕이다."라는 인식이 깔려 있음을 부정할 사람이 많지 않을 것이다. 식당이나 카페에 가면 나보다 먼저 온 손님이 앉아 있는 테이블엔 잘 앉지 않는다. 원칙적으로 '저 테이블은 저 사람의 것'이라고 여기기 때문이다. 마찬가지로 내가 앉는 자리도 '내가 나가기 전까지는 내 것'이라는 소유에 기반한 생각을 하며 행동한다. 그런데 지금 내가 앉은 자리가 정말 나의 것일까?

공유경제에 대한 기본교육을 어려서부터 시키는 미국은 자녀가 자라면서 쓸모없게 된 장난감을 필요한 가정에 대가 없이 주는 것을 당연하게 여긴다. 내 아이도 누군가로부터 물려받아 사용했듯이 누군가에게 다시 물려주면 유용하게 사용할 수 있다는 생각에서다. 학교 수업에 사용되는 교과서도 대부분 학교로부터 빌려서 사용한다. 학년이 끝나면 빌린 상태 그대로 다시 반납한다. 교과서에 자기 이름을 크게 적어 공식적인 소유권을 확보한 뒤, 책에 밑줄을 그어가며 공부를 하는 우리 모습과는 상당히 대조적이다. 이렇게 학습된 공유에 대한 인식 덕분에 미국은 도서관을 이용하는 질적 수준도 우리보다 더 높게 나타나는 편이다.

우리나라 사람들은 경제활동의 최우선 순위로 내 집 마련을 꼽는다. 매달 월세를 내며 '남의 집'에 살기보다는 '내 집'을 마련하고자 함이다. 월세, 전세 세입자들은 본인이 사는 집 벽에 마음대로 못을 박지 못하는 일을 서러워한다. 또한 "세 들어 산다."라는 말을 당당하게 내뱉는 우리나라 문화가 아니기에 더 힘들어한다. 반면 미국의 경우는 집을 렌트해 사는 것을 일반적으로 여긴다. 본인이 현재 사는 집도 언젠가는 다른 사람에게 공유된다는 장기적 관점을 갖고 생활하는 것이다.

미국 사람들은 카페에 가서 자리가 없으면 "Excuse me."라고 말하며 남의 테이블에 자연스럽게 합석한다. 미국에서는 대부분 이런 상황을 서로 불쾌히 여기지 않는다. 그들은 자신이 앉은 자리를 자기 소유로 여기지 않기 때문이다. 사용한 자리를 비워줄 때도 다음 사람의 사용을 위한 배려의 모습이 나타난다. 손님이 '왕'이라는 말 때문인지 서비스 질이 높게 평가되는 우리나라에선 이러한 방식의 자리 공유는 어딘지 모르게 불편하고 어색한 모습으로 비쳐진다. 아무래도 우리가 가지고 있는 손님은 '왕'이란 입장이 잘못 형성되어 있는 듯하다.

왕은 기본적으로 자신이 다스리는 나라의 문화와 외교는 물론 국민 삶의 질까지 끊임없이 신경 쓰며 산다. 매 순간 의사결정 앞에서 올바른 선택지를 고민해야 하는 고된 자리인 것이다. 그런 막중한 책임과 임무가 선행되기에 왕으로 대접받는다. 그런데 우리나라 사람이 인식하는 왕은 단지 깍듯한 존중과 좋은 대접만 받는 존재에만 머무르는 듯하다. 이런 관점에서 본다면 식당이나 공공장소를 이용할 때 주인 정신을 갖고 그 공간을 소중하게 잘 사용한 뒤 다른 사람을 위한 배려로 이어가는 행동이 더욱 왕 같은 모습이다.

미국 카네기멜론대학의 하버트 사이먼교수는 디자인의 의미에 대해 "기존의 조건이 더 나은 것으로 변해가는 과정이다."라고 정의 내린 바 있다. 많은 사람들이 갖고 있는 디자인에 대한 일반적 인식은 그저 표면을 화려하게 꾸미는 것에 지나지 않는다. 하지만 실제 디자인은 본질적인 부분에 더욱 초점을 맞추고 있다. 본질이 바뀌면 표면도 점차 달라진다. 복잡한 경제 현상에 더 나은 대안을 제시하고자 하는 디자인경제학은 지금보다 더 나은 사상적 기반의 경제가 다음 세대로 이어질 수 있도록 경제모델을 만들어가고 있다. 유례없는 급속한 경제발전을 이뤄낸 우리나라는 현재 다양한 분야에서 세계 최고의 성과를 드러내고 있다. 이러한 성과들의 배경이 우리나라가 가지고 있는 '소유'에 대한

관념 덕분인지, 아니면 새로운 것을 받아들여 더 좋은 것을 창조해가는 국민의 융·복합형 사고 덕분인지는 디자인경제에서 더 많이 연구해나갈 것이다. 다만 우리가 가진 소유의 관념이 좀 더 나은 방향으로 변해가길 바랄 뿐이다.

신뢰관계와 경제관계는 비례한다

관계경제학

스타벅스가 한국에 상륙한 지 20년이 넘었다. 최대의 커피전문점 스타벅스는 한국진출을 고려하던 1999년 당시 신세계그룹의 이마트와 손을 잡고 스타벅스코리아를 설립했다. 전 세계에서 가장 영향력 있는 커피 브랜드 스타벅스가 한국 최대 유통망인 이마트와 한 배를 탄 것이다. 스타벅스코리아는 그 화려한 배경에 힘입어 매출 또한 급성장했다. 연간 1조5천억 원의 매출과 1천억 원의 당기순이익 돌파를 기록한 지 오래다. 스타벅스는 어떻게 이런 놀라운 기록을 세울 수 있었을까? 세계 정상급 유통업체인 월마트와 까르푸마저 실패하고 돌아간 대한민국에서 말이다.

국내 최초의 이케아 매장인 광명점은 롯데프리미엄 아울렛과 나란히 붙어서 건물 내에서도 왕래가 가능한 협력관계를 구축하고 있다. 이케아 고양점은 건물 내에 롯데아울렛을 품으며 포용하는 형태를 취했고, 이케아 기흥점 역시 롯데아울렛과 가까운 거리에서 손을 잡는 지리적 특성을 보이며 경제 가치를 실현하는 중이다. 이케아와 롯데의 상생 협력관계는 신세계 스타필드를 견제하는 효과와 더불어 유통산업 발전을 자극하고 있다. 그럼 이케아와 롯데의 관계, 스타벅스와 신세계의 관계는 어떠한 특성이 있는 걸까?

2019년, 스타벅스와 신세계가 결별할 수도 있다는 관측이 온라인을 뒤덮은 적이 있다. 스타벅스는 신세계와 20년 계약으로 스타벅스코리아를 설립했고, 이제 몸집이 커진 스타벅스가 계약 기간 만료 시점에서 다른 선택을 할 가능성이 있다고 내다본 것이다. 하지만 미국 스타벅스 본사는 신세계와 10년 더 계약을 연장하기로 합의했다. 막대한 경제적 가치를 실현하고 있는 현 계약상황에서 굳이 무모한 도전을 할 필요가 없다는 게 양측의 결론이었다.

영국은 브렉시트를 통해 유럽연합과의 관계를 정리하고 정치, 경제적으로 독립을 선언했다. 하지만 긴밀했던 나라들과 교역에서 불협화음이 발생하며 영국 파운드화의 가치가 급락하는 현상이 벌어졌다. 피해는 고스란히 영국의 소상공인과 국민이 입었다. 그리고 EU와의 관계가 사라졌기에 무역에서도 많은 어려움이 생겨나고 있다. 세계시장의 모든 경제 현상이 '관계'를 중심으로 일어나고 있기 때문이다.

디자인경제학의 관계경제에서는 "독자적 역량에 의존하는 것보다 관계망 형성에 의한 경제체제가 더 나은 경제적 효과를 불러온다."라고 말한다. 스타벅스가 신세계 이마트와의 관계를 통한 동반성장을 이뤄내고, 이케아가 롯데와 긴밀한 협력관계를 통해 국내시장에서 안정적으로 정착할 수 있게 되었듯이 말이다.

지난 2019년, 우리는 대한민국 법원의 판결에 따른 일본 경제보복을 경험했다. 반도체 생산에 필수적인 불화수소의 수출을 전면 금지하겠다는 일본 결정에 따라 한국과 일본의 관계가 급속도로 냉각되었다. 하지만 우리나라의 기업은 다른 나라와의 관계망 개선을 통해 경제위기를 슬기롭게 극복해냈다. 일본은 한국에 경제적 타격을 주려 했지만 목적을 달성하지 못하고 한·일간의 관계만 나빠졌다. 그 때문에 한국 관광객을 타깃으로 한 일본 관광산업은 큰 불황을 맞이하게 되었다. 역설적이게도 우리나라는 불화수소 국산화에 성공했다. 또한 일본에 의존했던 부품이나 기계의 조달을 동남아나 유럽 등지로 넓혀 우리 산업의 반경이 더 넓어지는 계기가 되었다.

일본과 영국의 경우만 보더라도 현대사회의 관계는 단절보다 소통이 낫고, 나쁜 관계에 비해 좋은 관계가 더 나은 경제적 가치가 있음을 확인할 수 있다. 지금 당신은 어떤 관계망으로 타인과 접촉하며 지내고 있는가? 주위를 둘러보며 자신을 점검해야 할 때이다.

아침에 뜬 새로운 태양도 사실은 중고

중고거래경제학

유랑마켓이라는 TV프로가 있다. 방송을 통해 스타들의 애장품을 일반인과 중고로 거래한다. 이는 스마트폰 어플리케이션의 발달로 중고물품의 거래 절차가 이전에 비해 많이 간소해졌음을 보여준다. 스타와 일반인, 일반인과 일반인의 거래뿐 아니라 기업과 기업, 자연과 인간 사이에서도 중고는 활발히 거래되고 있다. 그렇다면 중고거래는 어떠한 특성을 가지고 있는 것일까?

CJ그룹에서 운영하던 TV, 인터넷 사업 분야 회사인 'CJ헬로비전'은 LG유플러스에 매각되어 'LG헬로비전'으로 그 사명이 변경되었다. 오랫동안 생활가전을 취급해오던 '동양매직'은 SK에 매각된 후 'SK매직'으로, 금융권의 '현대증권'은 'KB증권'으로 주인이 바뀌면서 사명이 변경되었다. M&A시장에서 거래되는 기업은 이제 창립한 '새 회사'가 아닌 누군가에 의해 운영되던 '중고회사'이다. 하지만 새것의 경우에 비해 더 높은 가치로 거래되고 있다.

어떤 사람이 열심히 일해 성공한 후 강남의 고급 아파트로 이사 간다고 가정해보자. 그 사람은 새집으로 이사 간다고 좋아하지만 사실 그 집은 그전에 살던 사람이 비워준 것으로 사실상 중고이다. 누군가에겐 떠나보내는 옛날 집이 어떤 이에게는 새로운 보금자리가 되는 의미이다.

이번엔 인터넷 쇼핑몰에서 새 옷을 구매한 상황을 가정해보자. 구매 후 직접 착용해보니 생각했던 것과 달라서 반품하면, 그 옷은 쇼핑몰에 수거된 뒤 다시 새 옷으로 포장되어 새 상품으로 판매된다. 우리는 이러한 상황을 인지하고 있다. 구매 후 일정 기간 내에 정당한 반품이 이루어질 수 있도록 법률적 장치가 마련되어 있기 때문이다. 하지만 내가 구매하는 이 옷이 누군가 구매한 뒤 하루 이틀쯤 입어보고 깨끗하게 반품했던 상품인지, 아니면 아무도 입어본 적 없는 그야말로 새것인지 알고 구매할 방법은 없다.

인터넷 쇼핑몰뿐만 아니라 백화점 명품관에서 구매하는 고가의 핸드백도 누군가 반품한 이력이 있는 '중고핸드백'일 가능성이 있다. 우리는 이러한 정보의 비대칭성에 의해 새 상품을 구매하고도 피해를 볼 수 있다. 때로는 피해당한 사실을 인지하지 못한 채 새것을 구매한 기쁨과 설렘을 만끽하기도 한다.

운동화 등의 신발을 사기 위해 매장에 들어가서 본인의 발 사이즈를 말하면 직원은 창고로 가서 신발이 담긴 상자를 가져와 신겨준다. 하지만 정작 손님은 한 번 신어봤다는 이유로 반드시 그 신발을 구매하지 않는다. 심지어 그 신발을 신고 매장을 돌아다녔을 경우도 마찬가지다. 손님이 신고 돌아다녔지만 결국 구매하지 않은 그 신발은 다시 포장되고, 신발 상자에 담겨 창고로 이동한 뒤 아무도 모르게 다시 새 신발의 개념으로 업데이트된다. 그런데 새 상품과 중고제품을 구분할 수 있는 기준은 존재하는 것일까? 새 신발을 신고 몇 시간만 돌아다녀도 이미 때 묻은 중고가 되는데 과연 새것을 쓴다는 기쁨의 유효기간은 얼마나 될까?

태양은 일출과 일몰을 통해 하루를 디자인해준다. 지구의 자전을 통해 동쪽 하늘에서 떠오른 뒤 다시 오늘이라는 새로운 하루를 시작하게

만드는 것이다. 이 과정에서 사람들은 오늘 뜨는 태양이 어제의 경우와 똑같이 재사용되는 '중고태양'이라고 인식하지 않는다. 하지만 실체는 중고이다. 태양이 서쪽으로 지고 나서 깨끗하게 소멸한 뒤 밤새 새로운 재료와 공법으로 재생산되는 것이 아니기 때문이다.

독일의 폭스바겐은 람보르기니를 인수한 뒤 람보르기니를 꼭 닮은 Audi R8을 제작할 수 있게 되었다. BMW는 사륜차 전문회사인 랜드로버를 인수해 SUV의 고급 생산 기술력을 얻었다. 자동차 회사는 그 규모가 크고 거래액도 수십억 달러에 달하는 큰 거래임에도 불구하고 주인이 종종 바뀌며 중고로 기업에 거래된다.

중고물품을 사는 행위를 반드시 새 제품을 사는 모습과 비교해야 할까? 지금 내가 쓰고 있는 물건이 일반 쓰레기 혹은 분리수거 통에 담기지 않고 누군가에게 의미 있게 판매된다면 환경보전과 가계생활 모두에 유의미한 행동이 될 수 있다.

중고거래는 스마트폰이나 자동차의 경우와 같이 시간이 흐르면서 가격이 떨어지는 경우도 있지만, 부동산이나 기업 M&A처럼 시간이 지날수록 그 가치가 상승하기도 한다. 내가 구매하는 상품이 누군가 반품한 중고일지도 모른다는 정보의 비대칭성에 의한 피해를 걱정하기보다 누군가 깨끗하게 사용한 뒤 저렴하게 내놓은 중고물품에 관심을 가져보는 것은 어떨까? 어차피 모든 상품은 구매한 뒤 포장지를 뜯는 순간 중고가 된다.

지금의 선택이 미래의 삶을 디자인한다

선택경제학

자신의 모든 선택에는 책임이 따른다. '선택은 자유'이지만 어떤 선택을 하느냐에 따라 좋은 결과를 불러오기도 하고 때로는 좌절을 맛보기도 한다. 일이 잘 풀리지 않거나 뜻밖의 문제를 만나 일이 꼬이게 되었을 경우, 내가 내렸던 선택 때문에 마음이 더욱 무거워지는 상황이 생길 수 있다.

기업 CEO 출신 정치인 안철수는 과거 대중에게 촉망받는 기업가였다. 당시 최연소 서울대 의대 박사, 백신 소프트웨어 개발자, 의대 출신 프로그래머 등 그를 따라다니던 많은 수식어는 그를 국민 대다수로부터 존경받는 인물이 되게끔 해주었다. 그래서 당시에는 그를 향한 '안

티' 세력이 별로 존재하지 않았다. 그랬던 그가 '정치'를 '선택'하는 순간, 그를 편견 없이 존경하던 대중은 그의 신념을 쫓는 부류와 쫓지 않는 세력으로 나뉘어버렸다. 그때부터 '내 편 vs 내 편이 아닌 세력'의 극단적 갈림이 시작되었다.

제2차 세계대전 당시 막강한 군사력을 가진 일본은 아시아를 넘어 전 세계에 막대한 영향력을 미치는 나라로 부상하고 있었다. 하지만 미국을 공격하는 '선택'을 한 나머지 제2차 세계대전의 패전국으로 전락하고 말았다. 최근에는 한국을 향한 경제보복을 선택했고, 그 때문에 도리어 자신들이 경제적 손실을 입기도 했다. 대영제국의 자존심을 회복하고 싶었던 영국 역시도 브렉시트를 통해 유럽연합의 시스템에서 탈출하는 선택을 했다.

해외여행을 떠나려면 공항보안검색대를 통과하기 위해 긴 줄을 서서 기다려야 한다. 어떤 줄이든지 기다림에 지친 사람은 앞이나 옆이 느슨한 틈을 타 새치기를 하고 싶은 충동을 느끼게 된다. 이 경우 양심적으로 행동하느라 실행에 옮기지는 않지만, 합법적으로 새치기가 가능한 경우도 있다.

항공기의 좌석을 비즈니스 또는 일등석으로 구매한 경우에는 공항 보안검색대에 서 있는 기나긴 줄을 무시하고 맨 앞으로 나가 전용 카운터에서 심사를 받는 것이 가능하다. 또한 항공기가 착륙한 이후에도 다른 등급보다 먼저 내릴 수 있고 입국 심사 역시 새치기가 가능하다. 동일한 항공기이지만 더 나은 등급을 선택했기 때문에 누릴 수 있는 합법적인 특권이다. 유명 백화점의 VIP 서비스나 줄을 서지 않고서도 바로 입장이 가능한 일부 놀이공원의 패스트트랙 서비스 역시 그 시스템을

이용하겠다는 개인의 선택과 재화의 지출이라는 경제작용으로 누릴 수 있는 혜택이다.

요즘 기업은 창의적 경영활동을 위해 디자인 씽킹을 도입해 시스템을 구축해나가는 경우가 많다. 이론에 의한 전략이 아닌 경험UX을 기반으로 전략을 디자인해나가는 과정이다. 경험에 대한 소비자들의 반응은 빅데이터로 저장되어 다른 선택이 가능하도록 다시 디자인된다. 선진화된 시스템을 꿈꾸며 기업이 선택한 결정을 통해 기업의 흥망성쇠가 결정되는 것이다. 이런 자연스러운 흐름은 개인 경제활동의 변화를 가져온다. 더불어 국가 경제시스템의 디자인도 조금씩 변형시킨다.

필름카메라로 유명한 코닥은 디지털카메라가 중심이 되어가는 세계의 흐름에서 "세계 인류는 필름카메라를 버리지 못할 것이다."라는 예측을 하며 필름을 계속 생산하겠다는 선택을 했다. 안철수는 경영자 대신 정치인이 되겠다는 선택을 했다. 그 결과 그를 통해 하나로 뭉쳤던 지지자들이 양분화되는 결과를 낳았다. 지금 우리의 이미지나 모습은 우리의 선택에 따라 얼마든지 달라질 수 있다. 디자인에 얼마만큼 민감하며, 얼마나 경제성 있는 선택을 하느냐에 따라 다음 날 또 미래의 우리 모습이 변한다. 이것이 선택의 순간에 신중을 기해야 하는 이유이다.

#05

소득을 이롭게 하는 디자인경제

오프라인 공간과 온라인 공간의 온도차

공간경제학

상품을 구매할 수 있는 오프라인 마켓이지만 상주직원이 없는 매장이 있다. QR코드로만 운영되는 미국 아마존사의 '아마존고'는 온·오프라인의 경계점에 있는 현 유통회사가 나아갈 미래의 방향을 제시하고 있다. 국내의 대표적 편의점 브랜드인 CU는 'CU바이셀프' 시스템을 개발해 유·무인 하이브리드 매장을 운영하기 시작했다. 인건비 투입의 효율성이 상대적으로 떨어지는 야간시간에만 무인으로 운영되는 편의점이다.

'이마트24'는 편의점 매장 내에 음료 매장 '스무디킹'을 추가로 오픈하여 운영이 가능하게끔 했다. '1매장 2가맹' 형식으로 한 매장에서 두

개의 가맹사업을 운영하는 형태이다. 이마트24 가맹점주는 스무디킹 매장을 별도로 오픈하는 경우에 비하여 비용 절감효과와 추가 수익 창출이라는 두 마리 토끼를 잡는다. 하이브리드 공간디자인으로 새로운 개념의 공간경제를 실현하는 것이다.

이케아는 SK계열의 부동산 개발업체인 SK D&D와 손을 잡고 원룸형 임대주택의 인테리어 시장에 진입했다. 서울 성수동의 '에피소드성수101'은 휴가, 숙면, 반려동물, 홈오피스, 수납, 재미있는 디자인 등 6가지의 콘셉트로 선보인 원룸이다. SK D&D에서 건축과 임대, 주택관리 등 건축의 외형과 시스템을 맡았고, 이케아에서 인테리어를 담당한 콜라보레이션이다. 갈수록 늘어나는 1인 가구 형태의 주거환경을 반영해 동일한 크기의 공간을 더욱 경제적으로 활용할 방법을 개척해나가고 있는 것이다.

유통업의 전통적 강자 롯데는 오프라인 유통매장의 30%를 다운사이징하며 효율성 높은 공간의 가치를 위해 경영의 큰 그림을 수정했다. 세부적으로 롯데마트는 온·오프라인 매장을 통합한 디지털 풀필먼트 Fullfillment 스토어를 전략으로 내세우며 고객의 주문을 통합적으로 관리하겠다는 계획을 밝히고 실행에 옮겼다. 기존의 신세계SSG와 쿠팡 등 온라인 업계가 주도하는 풀필먼트 분야에 롯데가 전적으로 투입되는 상황은 온라인 쇼핑으로 시장경제의 판이 바뀌고 있음을 증명하는 것이다. 또한 많은 관리비용이 발생하는 오프라인 전용 매장의 공간 경제성이 낮아지고 있다는 의미이기도 하다. 온·오프라인 통합 유통채널은 이제 더 이상 실험대상이 아닌 주류로 이어져 가고 있는 흐름이다.

홍대는 대학 체육관을 복합문화공간으로 바꾸어 갤러리와 공방 및 디자인스튜디오가 포함된 '아트 앤 디자인 밸리'의 조성계획을 공식화했다. 청년들의 창업을 활성화하는 공간이 포함된 이 계획은 체육관의 간헐적 기능만을 수행하던 공간을 다목적의 복합문화공간으로 변경함으로써 공간 경제성을 향상시킨 케이스로 평가되고 있다.

2020년 개막에 발맞춰 코로나19가 세계를 휩쓸었다. 이 여파로 미국에서는 100년이 넘는 역사를 자랑하던 '시어스 백화점'과 유명 완구체인점 '토이저러스' 등의 대형매장들이 줄지어 파산보호신청을 하는 상황이 발생했다. 대형 오프라인 기업들이 벼랑 끝에 내몰린 상황이 펼쳐진 것이다. 신용평가기관인 무디스가 말한 '소매업의 종말Retail Apocalypse'이라는 표현이 체감되는 현실이다.

미국의 월마트는 오프라인 매장의 몰락을 막기 위해 온라인과 통합하여 드라이브스루 방식의 유통매장을 선보였다. '클릭 앤 컬렉트'라고 불리는 이 시스템은 고객이 온라인으로 제품을 주문한 뒤 매장을 방문하여 준비된 물품을 드라이브스루 방식으로 수령하는 개념이다. 이는 오프라인으로 쇼핑을 할 때 에너지가 소모되는 것과 온라인 쇼핑 시 발생하는 배송시간의 단점을 통합적으로 해결한 시스템으로 평가받는다. 또한, '오프라인 매장이 살아남는 방법'에 대한 연구의 결과물이기도 하다.

우리나라의 온라인 매출은 점점 증가해 오프라인 매출을 압도하고 있는 실정이다. 사람들은 경제성이 떨어지는 오프라인 쇼핑을 버리고 하나둘씩 온라인으로 갈아타고 있다. 기업 입장에서 대중들이 온라인을 포기하고 다시 오프라인 매장으로 돌아와주길 바라는 것은 시대착오적 발상이다. 필름카메라를 주력으로 생산하던 코닥은 디지털카메라의 개발 이후에도 계속 필름카메라 생산을 이어가다가 결국 몰락했다. 세상에 영원한 것은 없다. 제품도, 시스템도, 그리고 공간 역시도 살아남는 방법은 경제에 눈을 뜨는 길밖에 없다.

공감하는 순간
쓰레기도 고가의 상품이 된다

공감경제학

세상이 변해가는 와중에 다행스러운 점이 있다. 완벽하지 않으면 세상의 빛을 보지 못했을 법한 혼자만의 개념이나 아이디어들도 서툴고 설익은 채로 출시가 가능해진 것이다. 성공의 가능성을 미리 예측하고 시장에 내놓는 것이 아니라 서툰 모습 그대로 출시하고 시장에서 잘 먹히면 성공할 수도 있다. 소위 요즘 애들에게 잘 먹히는 상품들은 그런 방식으로 생겨나는 경우가 많다.

미국의 저스틴 지냑은 2001년부터 뉴욕 길거리에 있는 쓰레기를 판매하기 시작했다. 우리나라 돈으로 약 5만 원에서 10만 원의 가격으로 판매를 하는데 전 세계 수많은 사람이 이 쓰레기를 구입해갔다.

'Garbage of New york city(뉴욕의 쓰레기)'라고 이름 붙여진 이 상품은 투명 아크릴에 담겨 특별한 의미로 탈바꿈해 여러 나라의 구매자들에게 배송된다. 미국을 대표하는 도시인 뉴욕을 추억하고 싶은 사람들부터 한 번도 가보지 못한 뉴욕을 경험해보고자 하는 사람들이 이 상품의 가치에 대한 공감대를 형성하고, 이를 통해 쓰레기를 돈 주고 구매하는 일종의 쓰레기 경제활동을 시작했다.

세계적인 브랜드가 된 가방 프라이탁은 버려진 트럭 방수포를 재활용하여 가방을 만들었고, 본산지인 유럽을 넘어 트렌드에 민감한 미국 뉴욕까지 넘어가 큰 인기를 얻었다. 폐기될 소재를 이용하여 세상에 단

하나만 존재하는 '내 가방'을 디자인하고 제작한다는 아이디어는 쓰레기라는 편견을 넘어선 어떤 강한 에너지의 발산으로 보인다.

《월간 이슬아》의 이슬아 작가는 한 달에 1만 원의 구독료를 받고 자신이 쓰는 글을 매일 저녁 독자들에게 이메일로 보내며 소규모 구독경제를 실현했다. 그녀의 홍보 포스터를 보면 "아무도 안 청탁했지만 (글) 쓴다!", "태산 같은 학자금 대출! 티끌 모아 갚는다, 아자!" 등의 재밌는 문구가 눈에 들어온다. 대학을 졸업하는 동시에 학자금 대출 2천5백만 원을 갚으라는 문자를 받게 된 그녀는 기자, 교사, 누드모델 등 닥치는 대로 많은 일을 했지만 그럼에도 불구하고 벗어날 수 없는 학자금 채무의 늪에서 벗어나고자 나름의 묘안을 짰다고 한다. 이러한 그녀의 진심어린 스토리는 대중의 공감을 불러오기에 충분했다. 매일 자정 무렵 이메일로 배달되는 그녀의 수필 속 거침없는 표현들은 독자들에게 공감의 영역과 해방감을 동시에 안겨주었다.

《인맥보다 강력한 네트워킹의 힘》의 저자 재닌 가너는 "모임에서 단순히 명함을 돌리는 것만으로 네트워킹이 형성되지는 않는다."라고 말했다. 자신의 본모습을 드러내고 진정으로 사람을 대할 때 네트워크가 형성되며, 그들과 교류하고 깊은 이야기를 나눌 때 함께 성장하고 성공한다고 했다. 진정한 공감이 비즈니스뿐만 아니라 개인의 생활에도 이로운 역할로 작용한다는 것이다.

넷플릭스는 회원가입 당시 좋아하는 영화를 몇 개만 골라놓으면, 그 이후로 큰 노력을 하지 않아도 그 사람의 취향에 맞는 추천 콘텐츠를 지속적으로 제공해준다. 맞춤 서비스 제공으로 고객 각자가 존중받고 있다는 사실을 인지하도록 하며 기업의 신뢰도 확보하고 있다. 점점 개인화되어가는 초밀착·맞춤형 서비스는 고객을 분석의 대상으로 삼지 않고 공감의 대상으로 확대해서 포용하는 것이다.

재닌 가너는 네트워킹을 시도할 때에 먼저 스스로에 대해 말하는 행동을 큰 실수로 지적했다. 또한, 본인이 무슨 말을 할지에 대한 고민을 너무 깊게 한 나머지 상대의 말을 경청하지 못하는 자세도 경계해야 한다고 조언했다. 더 잘 들어주고 더 공감해주는 상대에게 조금이라도 마음이 더 가는 게 세상의 이치다. 어쩌면 너무도 당연한 이 해답을 두고 우리는 인간관계와 비즈니스의 영역에서 걱정만 하고 있는 건 아닌지 점검해볼 필요가 있다.

그 경험
제가 사겠습니다

경험경제학

20세기의 대한민국은 일본의 식민지 시절과 한국전쟁이라는 아픔을 경험했다. 그뿐만 아니라 눈부신 산업화와 뒤이은 IMF 경제위기 등 파란만장한 난국도 겪었다. 21세기에 들어서는 글로벌 금융위기를 겪었고, 2020년에는 코로나19라는 질병으로 우리나라는 물론이고 전 세계가 질병과 경제의 위기를 동시에 맞게 되었다. 하지만 억압과 해방, 성장과 위기 등의 오랜 경험을 축적한 대한민국 국민은 코로나19 위기상황 앞에서도 침착함을 잃지 않았다. 오히려 차분하게 극복해내는 모습을 보여주며 저력을 과시했다.

경제학의 본질은 한정된 자원을 유용하게 활용해 이득을 얻는 데 있고, 인간의 모든 경제활동은 '선택'에 의해 이루어진다. 그리고 이 선택을 통해 물리적 실체가 있는 자원을 얻을 수도 있고, 비물리적 경험을 축적할 수도 있다. 유명 여행지로의 해외여행과 5성급 호텔에서의 숙박, 아이돌 스타의 콘서트 관람 등 대부분의 경제활동은 '경험'을 위해 이루어진다. 따라서 물리적 실체가 있는 자동차나 스마트폰의 경우 이 기기를 사용하면 어떤 경험을 할 수 있는지에 대한 마케팅이 주류를 이룬다. 제품을 구매한 사람은 실제 상황에서 그것을 경험하며 만족감을 얻는다.

20세기 초반 미국은 잘사는 것에만 익숙한 나머지 대공황을 경험해야만 했다. 급속한 성장 이후 한국이 겪었던 IMF 사태 역시 같은 맥락으로 해석된다. 전 세계적으로 '성공한 사업가'였던 트럼프 미국 대통령은 위기에 대한 '경험'이 충분치 못해서인지 전 세계의 코로나 위기 상황에서도 "미국은 안전하다!"라고만 외치며 바이러스 감염사태를 폄훼하는 우를 범했다. 그 때문에 미국 내 코로나19 감염자와 사망자의 수가 기하급수적으로 늘어나는 행정 실패의 결과를 가져오게 했다.

오바마 대통령도 재임 시절 질병 발생으로 시험대에 오른 적이 있다. 2014년부터 2015년까지 에볼라 바이러스 사태가 발생하자, 오바마는

정치 경험이 풍부한 론 클레인에게 에볼라 사태의 총괄조정관 권한을 위임했다. 보건 분야와 관련된 장관도 부통령도 아닌 그는 당시 '레볼루션'이라는 벤처투자회사를 운영하고 있었다. 이력이라곤 고작 앨 고어 전 부통령의 비서실장을 지낸 것뿐이었다. 당시 주변에서는 의사가 아닌 사람이 어떻게 에볼라를 대처할 수 있겠느냐며 반대했지만 오바마가 선택한 건 의학적 지식이 아닌 행정적 경험이었다. 오마마는 라디오를 통해 '에볼라보다 무서운 게 독감'이라고 국민을 안정시키며 의연하게 대처할 수 있도록 연설했다. 그 결과 43일 만에 에볼라 사태를 진정시켰다. 이러한 위기대처 능력을 인정받은 오바마는 지지율 60%로 퇴임했다.

애플의 창립자인 스티브 잡스는 애플의 제품을 더 많은 사람이 체험할 수 있도록 주위의 반대와 실패에 대한 여론을 무시하고 많은 비용을 들여 오프라인 스토어를 오픈했다. 현대자동차는 해마다 개최하는 모터쇼에만 의존하지 않고 고객이 언제든지 직접 최신 자동차를 시승해볼 수 있도록 국내외에 체험형 모터 스튜디오를 만들었다. 소비자가 직접 제품을 이용해보도록 유도하는 전략이다.

코로나19는 많은 기업이 선택의 여지없이 재택근무를 시행하도록 만들고 있다. 그런데 미국 IBM사는 오래전부터 시행하던 재택근무를 2017년 3월 폐지하겠다는 결정을 내린 바 있다. 재택근무가 직원들의 업무집중을 저해하고 소통을 어렵게 만든다는 이유에서였다. 이는 재택근무를 시행한 결과에 대한 결정으로 경험에 의한 판단이었다. 출퇴근의 스트레스를 경험하는 직장인들이라면 누구나 한번쯤은 재택근무를 꿈꿔본다. 하지만 업무공간과 생활공간이 명확히 구분되지 않는 재택근무는 더 힘들 수 있다. 지친 몸을 이끌고 돌아와 익숙하게 휴식을 취하던 공간이 제2의 회사가 된다면 집에 있다고 해서 마냥 쉴 수만은 없다는 부담감을 가질 수 있기 때문이다.

경험은 기억을 만들고 기억은 자신을 구성한다. 지나간 좋은 기억과 나빴던 기억은 자신의 경제활동에 영향을 미친다. 그 때문에 UX(경험) 분야에서는 사용자의 경험을 디자인하여 소비자의 지갑을 열게 하는 디자인 씽킹이 기업경영에 널리 활용되고 있다. 인간의 모든 경제활동은 '선택'에 의해 이루어진다. 보다 좋은 경험을 하기 위한 개인의 선택은 매우 본질적인 것이며 누가 막을 수 있는 것이 아니다.

전화기를 구매했는데 카메라가 왔다

스위치경제학

언제부터인가 스마트폰 광고의 본질이 카메라와 동영상 기능, 그에 따른 여러 연산 작업의 편의성으로 집중되기 시작했다. 스마트폰은 분명 전화기이다. 본질은 어디까지나 '전화통화'인데, 생생한 통화 음질이나 전화 걸기의 편의성 따위를 앞세운 마케팅은 이제 온데간데없다. 대신 마케팅 대상이 휴대전화인지 카메라인지 분간하기 힘들 정도로 카메라 기능광고가 주류를 이룬다.

휴대전화의 개념이 처음 등장했을 당시, 제품의 기능적 측면은 통화와 문자 정도가 대부분이었다. 카메라 기능이 추가되기 시작하면서부터 얼마나 사진이 잘 찍히는지, 동영상 처리능력이 얼마나 우수한지 등

전화 기능 외 부가적인 요소들이 더 중요해지기 시작했다. 본질에 충실하여 스마트폰 광고를 '통화품질'로 가닥 잡는다면 아무런 광고효과도 거두지 못하는 시대가 되었다.

자동차를 구매하는 행위는 내가 직접 운전하기 위함이고, 운전하며 그 자동차만이 가지고 있는 특유의 '주행 감성'을 경험하기 위해서다. 일종의 '운전하는 맛'을 느끼는 것이다. 하지만 자율 주행 자동차가 보편화되어가고 있는 지금의 추세로 본다면 다가올 미래엔 자동차를 구매해도 운전하는 맛은 느끼지 못하게 될 것 같다. 자율 주행 자동차의 이용이 일상화되면 운전하는 시간에 부족한 수면을 보충하거나 차에서 다른 일을 처리하게 될 것이기 때문이다. 다음 세대의 아이들이 "예전에는 말이야, 사람이 자동차를 직접 운전하고 다녔대."라고 말하며 지금의 시대를 되짚어볼 거 같은 생각이 든다. 또 지금의 어른들은 "라떼는 말야~."라고 말하며 본인이 직접 자동차를 운전하던 시절의 이야기를 늘어놓게 될지도 모른다.

분명 휴대전화인데 전화에 관한 설명 없이 카메라만 강조하는 지금의 스마트폰 광고처럼, 미래의 자동차 광고는 주행 감각에 대한 언급 대신 차량 내부 공간 편의성에 대한 설명으로 가득 차게 될 수도 있다. 자동차가 이동을 위한 수단이었던 시대와 달리 도로 위에 내 방 같은 나만의 공간이 형성되는 개념으로 운송기기의 기능적 목적이 슬며시 이동되는 것이다.

10년 전부터 앞다투어 생겨나던 대형마트도 온라인 구매와 빠른 배송, 배달 서비스에 밀려 다운사이징을 택하게 되었다. '장 보는 곳'이었던 대형마트의 공간 개념은 점점 물류창고화되고 있다. 이는 시대의 변화에 따른 자연스러운 현상으로 평가된다.

개인 미디어의 생산과 소비는 스마트폰의 기능적 목표를 미디어 활용으로 점차 이동시켰다. 전화통화를 주된 기능으로 삼으며 사진이나 동영상 촬영이 가능하다고 인식되던 10년 전의 휴대전화는 기술의 발전을 거듭해오면서 소비자의 다양한 목적을 만족시키는 스마트폰으로 완전히 변했다.

공유경제의 확산을 통해 소유에 대한 개념도 바뀌고 있다. 내가 사는 집이 일정 기간 누군가의 숙소가 되고, 자주 사용하지 않는 차량을 주차만 해둘 것이 아니라 그 시간에 필요한 누군가에게 대여해주는 문화가 보편화되어가고 있다.

자본주의 시장경제에서 중요한 질문은 "누가 무엇을 가질 것인가?"이다. 자유시장 체제 속에서 공유경제는 그 해답을 조금씩 만들어가고 있다. 그리고 그 체제 속에서 경제활동의 목적은 점차 변해간다.

공간이든 사물이든 그 사용 목적과 의미는 얼마든지 스위치(전환)될 수 있다. 지금은 목적 전도 현상쯤으로 여겨질 수도 있지만, 그 움직임이면 훗날 거대한 변화를 불러일으킬 것이다. 그 출발점에 당신이 서 있다.

실수는
성공을 향해 가는 과정

실수경제학

백종원은 외식업계에 처음 발을 들여놓던 시절, 삼겹살 메뉴 개발을 위해 정육점에서 사용하는 슬라이서(고기 써는 기계)를 식당에 두고자 했다. 식재료의 원가절감과 신선함을 동시에 제공하기 위한 전략으로 자본금이 충분치 않던 창업 초기의 아이디어였다.

하지만 싼 가격으로 슬라이서를 구매하기 위해 발품을 팔던 백종원은 고기를 써는 슬라이서가 아닌 햄 써는 슬라이서를 구매하는 실수를 저질렀다. 햄 써는 슬라이서로 고기를 썰자 고기는 얇게 감겨 나왔다. 당황한 백종원은 동그랗게 감겨 있는 고기를 일일이 펴서 손님상에 내었다. 하지만 밀려드는 손님들 때문에 손이 바빠진 백종원은 일일이 펴던 삼겹살을 그냥 동그랗게 말려져 있는 상태로 내올 수밖에 없었다. 그 과정에서 대패삼겹살이 탄생했다.

래리 페이지와 세르게이 브린은 1996년 스탠포드대학에서 만나 세계 1위의 검색엔진인 구글을 창업했다. 원래 그들은 10의 100제곱이라는 뜻의 Googol(구골)로 이름을 정하고 창업을 결정했다. 그리고 회사를 차리기 전 투자자 앤디 벡톨샤임이 투자해주기로 약속받았다.

총 10만 달러를 투자받는 미팅 자리에서 벡톨샤임은 다른 약속과 시간이 겹쳐 급한 나머지 10만 달러의 수표 뒤에 'Google Inc'라고 잘못 서명했다. 10만 달러의 자본금을 기반으로 회사를 설립한 창업자들은 회사명을 어쩔 수 없이 Google로 쓸 수밖에 없었다. 한 사람의 실수로

새로운 단어가 생겨나게 된 것이다. 그들은 실수를 바로잡기 위해 에너지를 쓰기보다 실수를 받아들이고 연구개발에 몰두한 결과 세계에서 가장 거대한 브랜드를 탄생시킬 수 있었다.

'스시990'의 성공을 일궈낸 창업자이자 20대의 나이로 제너시스 BBQ 그룹의 브랜드인 '유나인' 최연소 대표이사로 스카우트된 이재훈 대표 역시 창업 과정에서 실수가 있었다. 다니던 대학을 휴학하고 부산대학 앞 번화가의 조그마한 건물 관리실 자리를 인수한 이재훈 대표는 0990으로 끝나는 가게의 전화번호를 보는 순간 990이라는 숫자를 이용해 사업 아이템을 발굴해야겠다는 생각을 하게 되었다. 고심 끝에 이 대표는 초밥을 990원에 팔기로 결정했다.

상호명에 초밥이라는 단어 대신 스시를 사용하기로 한 이재훈 대표는 가게 이름을 '990스시'로 정한 뒤 간판 제작을 의뢰했다. 하지만 간판 사장의 실수로 '990스시'는 '스시990'으로 제작되어버렸다. 이 대표는 실수로 제작된 이름이 오히려 더욱 브랜드 느낌이 난다고 느껴 실수를 그대로 수용했다. 그리고 연 100억 원대의 매출을 올리는 스시990의 성공스토리를 써내려갔다. 이 같은 성공을 바탕으로 BBQ에 스카우트된 이 대표는 'BBQ올리브떡볶이'를 성공적으로 론칭하는 기염을 토해냈다.

시리얼로 유명한 회사 켈로그는 요양원을 운영하던 존 켈로그와 동생의 실수로 만들어졌다. 요양원에서 함께 일하던 켈로그 형제는 총 25인분의 밀반죽을 만들다가 잠시 자리를 비우게 되었는데, 시간이 지나자 밀반죽이 딱딱하게 굳어버렸다. 그것을 버리기 아까웠던 켈로그 형제는 밀반죽을 롤러에 돌려보았다. 이때 딱딱하게 굳은 밀 조각들이 쏟아져 나오기 시작했는데, 그 과정에서 지금 전 세계인들이 먹는 시리얼이 탄생하게 되었다.

실패는 성공의 어머니라는 말이 있다. 실패를 성공으로 연결하려면 실패했을 때 좌절하거나 포기하지 않아야 한다. 어떤 상황에서도 호기롭게 대처하는 자세가 필요하다. 실패와 실수의 어감은 분명 다르다. 어떤 사람은 가벼운 실수를 실패로 확대 해석하려고 한다. 반대로 실패를 가벼운 실수쯤으로 대수롭지 않게 넘기는 사람도 있다.

실수와 실패는 삶의 과정 중 일부이다. 상황을 거부하거나 실패에 좌절하기보다 받아들이고 성공을 향한 자양분으로 삼아야 한다. 세상에서 일궈낸 성공은 대부분 그런 과정을 거쳤다. 문제는 나 자신이 나의 실수나 실패를 어떻게 받아들일 것인가 하는 데 있다.

이름을 남기고 간 애플의 창업자

스티브잡스경제학

성공한 기업에는 그 기업만의 철학이 있다. 기업에 철학이 있다면 경제 현상을 바라보고 이끌어갈 에너지를 갖게 되고 뜻밖의 상황이 발생한다 해도 초조해하지 않는다. 반면 기업에 철학이 없다면 나침반 없이 바다를 항해하는 것과 같아서 소소한 상황변화에도 이리저리 방향을 바꾸며 휩쓸리게 된다.

애플의 창업자 스티브 잡스를 가장 잘 표현한 문구는 "Think difference!"이다. 그가 세상을 떠난 지금도 사람들은 이 문구로 스티브 잡스와 애플을 기억한다. 자기만의 철학이 담긴 이 문구의 캠페인은 "남다른 생각을 하는 사람이 남다른 것을 갈망해온 사람을 위해 남다른 제품을 만든다."라는 내용이다. 아이폰과 아이맥의 성공으로 브랜드가치가 높아진 애플은 그런 남다른 기업경영철학으로 흔들림 없는 항해를 지속할 수 있었다.

사피 바칼이 쓴 《룬샷》에는 변화를 외면하고 몰락한 노키아Nokia와 경험을 강조한 이케아IKEA, 그리고 스티브 잡스라는 천재를 보유한 애플Apple에 대한 분석이 나온다.

애플 창립 초기, 스티브 잡스는 매킨토시를 연구하는 팀원들을 '예술가'라고 칭찬했다. 반면에 애플Ⅱ 프랜차이즈를 개발 중이던 나머지 조직을 향해서는 '멍청이'라고 부르며 막말을 서슴없이 했다. 조직원들은 이런 식으로 사기를 꺾는 스티브 잡스에 대해 공개적인 불만을 표시했다. 결국 두 그룹 사이에는 적대심이 생겨나고 말았다.

적대감은 양쪽 모두에게 손해가 되었다. 애플의 경영은 원활하지 않았으며 핵심 기술을 가진 직원이 하나둘 회사를 떠났다. 잡스의 총애를 받던 매킨토시가 시장에 출시되었지만 상업적으로 참담하게 실패했다. 그 사태에 대한 복합적인 책임으로 잡스는 본인이 창업한 회사에서 쫓겨나게 되었다.

서기 2040년

스티브 잡스가 사람을 대하는 태도에 있어서만큼은 훌륭한 평을 받지 못하고 쫓겨났지만, 컴퓨터 생태계의 꽤 많은 부분을 직접 디자인해낸 사람이었다. 애플이 만든 퍼스널컴퓨터 덕분에 사람들은 집집마다 컴퓨터를 한 대씩 들여놓는 걸 당연시 여기게 되었다. 마우스로 아이콘을 클릭하고 조작하던 애플 컴퓨터의 운영체제는 마이크로소프트가 윈도우를 개발할 당시 그래픽 인터페이스를 베껴 만들게 될 정도로 큰 영향력을 행사했다. 글자 서체와 디자인 표현법에 민감했던 스티브 잡스는 컴퓨터나 스마트폰에서 다양한 서체를 구현할 수 있게끔 했다. 그 덕분에 컴퓨터 주변산업이 다양하게 발전할 수 있는 기틀이 마련되었다.

스티브 잡스는 특유의 모난 성격 탓에 자신이 만든 애플에서 쫓겨났지만, 3D 애니메이션 회사인 픽사를 만들어 '토이스토리'를 제작하게 된다. 그 과정에서 픽사는 디즈니와의 협업을 통해 작품을 완성할 수 있었는데, 이 덕분에 경영난을 겪던 픽사를 살려내고 애니메이션의 새로운 장르를 개척한다. 총 3편의 작품을 디즈니와 협업하며 협력과 관리의 세심함을 터득하게 된 스티브 잡스는 다시 애플의 CEO로 복귀한다.

자신이 '돈' 때문에 애플로 돌아온 것이 아니라는 점을 알리고 싶었던 스티브 잡스는 연봉을 단돈 1달러에 체결하며 공개적으로 자기 이미지 디자인에 성공한다. 다시 애플을 경영하게 된 스티브 잡스는 총애하던 수석 디자이너 조니 아이브와 전략가인 팀 쿡을 똑같이 사랑하는 '세심한 정원사'가 되어 있었다.

그 덕분에 스티브 잡스가 세상을 떠난 뒤 팀 쿡은 애플의 CEO가 되었다. 조니 아이브 또한 애플의 철학을 지속 발전시키며 새로운 제품을 계속 디자인하게 된다. 스티브 잡스는 애플에 대한 유언으로 "'스티브 잡스였다면 이렇게 만들었겠지.'라는 생각을 접고, 세상에 없던 제품을 만드는 데 힘쓰라."는 말을 남겼다. 하지만 애플의 이미지는 이미 스티브 잡스로 각인돼 애플의 제품을 볼 때마다 사람들은 스티브 잡스를 먼저 떠올린다.

삼성의 이병철 선대 회장은 대한민국에 삼성이라는 국내 최고의 기업을 만들어냈다. 2대 회장인 이건희 회장은 삼성을 세계 최고의 반도체 기업으로 일궈냈고, 지금은 이재용 부회장이 그 자리를 이어받아 선택과 집중의 경영을 펼치고 있다.

그런데 현재 '삼성'하면 이건희 회장을 먼저 떠올리는 사람이 많다. 왜 그럴까? 애플의 공동 창업자인 스티브 워즈니악의 경우에 빗대어 생각해볼 수 있다. 그는 스티브 잡스와는 달리 조직원들을 두루두루 챙기며 회사에서 널리 사랑을 받았다. 하지만 애플이라는 회사를 말했을 때 워즈니악을 먼저 떠올리는 사람은 아쉽지만 별로 없다.

사람은 가도 이름은 남는다. 얼마나 소신 있게 행동하고 살았는지가 중요하다. 성공과 실패에 일희일비하기보다 의연한 자세로 삶을 통찰하자. 자신이 가는 길이 역사가 되도록 끈기와 집념이 필요한 시점이다.

#06

생각을 이롭게 하는 디자인경제

복수 대신 뒤집기를 선택한 나라

리버스경제학

영국을 상징한다고 해도 과언이 아닐 정도로 영국의 이미지가 강한 재규어 자동차는 21세기의 개막과 함께 인도의 타타자동차에 인수되었다. 또한 타타그룹은 영국 최대의 철강회사인 코러스사까지 인수하며 세계 정상급의 철강회사도 보유하게 되었다. 불과 몇십 년 전만 해도 영국의 식민지였던 인도가 지배국의 굵직한 기업들을 보유한 강국으로 거듭난 것이다.

그뿐만이 아니다. 구글을 비롯하여 IBM, 펩시콜라 등 이름만 들어도 전 세계인이 알 만한 거대 기업의 CEO 자리는 현재 인도인들이 차지하고 있거나 거쳐 갔다. 강한 병력과 통치력을 앞세워 지배와 피지배의 국가 관계가 형성되던 20세기를 지나 두뇌로 승부하는 시대가 되자, 그

전까지 줄곧 지배당하기만 했던 인도가 강대국의 반열에 오르게 된 것이다.

안전을 최대 가치로 여기는 세계적 자동차 브랜드 볼보는 2010년 중국의 지리그룹에 인수되었다. 예전의 강대국과 약소국의 오랜 관념은 통하지 않는 시대가 되었다. 세계시장의 관계와 위상은 성과와 자본 위주로 재편되고 있다.

1983년 11월, 당시 20대 청년이었던 애플의 창업자 스티브 잡스가 삼성과 인연을 맺기 위해 한국을 찾았다. 지금과 달리 세계시장에서의 경쟁력이 턱없이 부족했던 삼성을 만난 스티브 잡스는 반도체나 공급

해줄 그저 그런 회사쯤으로 삼성을 생각했다. 삼성이 향후 자신의 경쟁 상대가 될 것이라곤 꿈에도 예측하지 못했다. 하지만 2009년 삼성에서 갤럭시S를 출시한 뒤로 삼성과 애플은 세계에서 가장 강력한 라이벌 관계가 되었다.

우리나라 못지않게 교육열이 뜨거운 인도는 영국의 지배를 받기 시작하면서 국가의 통일을 이루었다. 이전까지는 다양한 언어를 보유하며 다양한 종교를 믿는 다인종 국가였다. 우리가 알고 있는 인도의 힌디어는 수도인 델리를 비롯한 일부 지역에서만 사용되고 있을 뿐이고, 그 외 지역에는 수십 개의 언어가 공존하고 있었다. 따라서 인도는 지역 간 원활한 소통을 위해서라도 영어를 사용해야만 했다. 그래서 오랜 기간 영국의 지배를 받았던 과거의 경험을 합리적으로 수용하고 발전시켜 영어를 국가 공용어로 사용하고 있다.

다양한 문화가 공존하는 배경에서 자라온 영향인지 인도 출신의 기업 경영자들은 갈등에 대한 처리능력이 뛰어나다. 이해관계가 복합적으로 얽혀 있는 환경에서 인종과 언어를 초월해낸 그들만의 사고방식은 다국적 기업에서 필요로 하는 인재가 되기에 충분한 요소였다. 구글의 CEO이자 구글 모회사인 알파벳사의 대표가 된 순다르 피차이, 마이크로소프트의 CEO인 사티아 나델라를 비롯해 펩시콜라, IBM, 위워크, 어도비, 마스터카드 등 세계적으로 굵직한 다국적 기업의 CEO는 인도 출신의 경영자들이 줄줄이 꿰차고 있다. 인도가 지리상 동양권에 가깝지만, 서구의 민주주의 이념에 익숙한 생활을 하는 점 또한 인도인의 세계화에 한몫하고 있다고 평가된다.

자기 나라를 수십 년간 식민지로 삼았던 영국의 기업을 줄줄이 통치하는 모습을 보이는 인도. 이것은 리벤지(복수)일까, 아니면 리버스(뒤집기)일까? 지배와 피지배의 폐쇄적 관계에만 집착하지 않고 세계 최대 시장인 미국에서 최고경영자의 자리를 줄줄이 꿰차며 우수성을 드러내고 있는 인도인의 모습을 성장으로 평가해야 할까, 아니면 반전으로 봐야 하는 걸까?

메모리 반도체의 공급을 위해 스티브 잡스가 만났던 과거의 삼성은 지금 리버스에 성공했다. 리벤지는 지배와 피지배로 양극화되는 20세기적 모습을 좇는 소모적인 발상에 지나지 않는다. 복수의 칼날을 가는 시간에 자기 실력을 쌓고 단련시키는 현명함을 보이는 것은 어떨까?

흐르는 물살에 올라타라

체인지업경제학

세계적인 기타 브랜드 펜더Fender는 기타를 제조하고 판매하는 본질을 넘어 즐겁게 기타를 배울 수 있는 경험을 판매하는 회사로 변해왔다. 70년이 넘게 최고급 기타를 생산해오던 펜더는 2000년대 들어 판매량이 절반 이상 줄어드는 타격을 입게 되었다. 이는 창사 이래 최대 위기였다. 위기를 기회로 바꾸려는 펜더의 노력은 2015년 디지털 부서를 창설하면서 시작됐다. 회사는 판매만 하던 마케팅에서 벗어나 기타를 배울 수 있도록 멤버십을 판매하는 구독경제로 비즈니스 모델을 전환해나갔다.

펜더는 판매에만 집중했던 지난 시간을 분석해본 결과 기타 구매자의 50%가 넘는 비율이 초보자였다는 사실과 그들 중 대다수가 100일을 넘기지 못하고 기타연주를 포기한다는 사실을 알게 되었다. 초보자들이 연주에 흥미를 느끼고 1년 이상 기타를 즐긴다면 평생 기타를 연주하는 사람이 될 확률이 높다는 사실도 함께 파악했다. 그래서 펜더는 소비자가 1년 이상 기타에 흥미를 가지고 연주할 수 있도록 만드는 경영전략을 세웠다. 펜더는 '펜더 플레이'라는 온라인 교육 서비스를 론칭하고 단순히 기타 구매에만 그치는 것이 아니라 흥미를 느끼며 기타를 즐길 수 있게 만드는 서비스를 제공하기 시작했다. 그 결과 유료 구독자들 중 상당수가 펜더 기타를 재구매하게 되었고 이런 전략은 전체 판매수익에 긍정적인 효과를 불러왔다.

완성형 컴퓨터 브랜드 미국 IBM사의 컴퓨터는 흔히 'IBM 컴퓨터'라고 불리며 마이크로소프트사의 운영체제를 사용하는 보편적인 컴퓨터의 개념이 되었다. 하지만 1990년대 초반 IBM은 심각한 경영난을 겪게 되었다. 개방성이 높은 컴퓨터의 제조방식 때문에 컴팩Compaq 등 다른 PC 제조사에게 밀리기 시작한 것이다. 당시 PC 제조는 CPU는 인텔사에서, 운영체제는 마이크로소프트에서 공급받아 조립만 하면 되는 작업이었으니 IBM의 경영난은 더욱 심각해질 수밖에 없었다.

1993년, 루이스 거스너는 IBM의 CEO로 취임하면서 기존의 PC 하드웨어 사업을 과감히 포기했다. 그리고 회사의 비즈니스 모델을 기업 컨설팅, IT 솔루션 구축 등 IT 서비스 사업으로 전환해나갔다. 이러한 선택 덕분에 IBM은 1998년 미국 특허청으로부터 한해에만 2천 개의 특허를 등록받은 최초의 기업이 되었다. 2000년대부터는 통합 솔루션 회사로 거듭났다. IBM의 전신이었던 PC 사업부를 중국 레노버Lenovo사에 매각하고, 캐나다의 소프트웨어 공급업체인 코그노스Cognos를 인수하는 등 완전히 달라진 비즈니스 모델에 따른 공격적 경영 감각을 과감히 보여주었다.

야구에서 투수가 공을 던지는 방식 중 하나인 체인지업은 타자의 타격 타이밍을 빼앗기 위한 목적으로 쓰인다. 공이 갈수록 느려지는 성질 때문에 타자가 좀처럼 타격 타이밍을 잡지 못하게 만드는 결과를 얻는다. 많은 사람이 비즈니스에 있어 업의 본질을 바꾸거나 계열사를 매각하는 모습을 보게 되면 시장에서 도태된다고 인식한다.

그러나 기업을 매각하거나 인수하는 모든 경우는 기업의 경영전략에 의한 것이고 파는 쪽과 사는 쪽이 모두 싱싱하게 살아있음을 의미한다. 잘나가는 회사를 팔며 잠시 주춤하는 듯 보일 수 있지만 이는 뒤로 갈수록 느려지는 체인지업 볼처럼 원하는 목적을 이루기 위한 경영전략이다. 그동안 잘해오던 업태를 갑자기 변경하게 되면 시장에서는 패배자인 것처럼 인식될 수도 있지만, 어쩌면 시대의 변화에 가장 민첩하게 대응하는 길일 수도 있다. 이 같은 결정과 행동은 오랜 시간이 지난 뒤 결과로 증명된다. PC 제조를 포기한 IBM이 지금 더 나은 결과를 보여주고 있듯이 말이다.

펜더와 함께 세계 기타 시장을 함께 이끌던 깁슨Gibson은 특별한 변곡점이 없는 경영으로 몰락의 길을 걷다가 2018년 파산 직전까지 몰렸다. 주위 환경의 변화와 압박에도 한결같은 모습을 보이는 것과 시대가 변하고 있는데도 변화하지 않는 모습을 보이는 것은 엄연히 다르다. 저물어 가는 시대 속에 안락하게 머물러 있을 것인지, 변화하는 시대에 맞춰 살길을 개척할 것인지는 자신이 선택해야 한다. 선택의 결과는 오랜 시간이 흐른 뒤 결과로 드러난다. 만약 IBM이 아직도 컴퓨터를 조립하고 있다면 어떨까? IBM의 이미지는 지금과는 많이 다를 것이다.

주기적으로 체크하는 디자인의 발전

업데이트경제학

다소 차이가 있겠지만 대체로 아우디, 벤츠, BMW로 대표되는 독일 자동차 브랜드는 7년을 주기로 차량 모델이 업그레이드된다. 현대, 기아자동차를 비롯한 국내 자동차 브랜드는 그보다 조금 빠른 5년 주기이다. 만약 페이스리프트를 통해 디자인과 성능이 조금 업데이트된다면 변화의 주기는 이보다 더 빨라진다.

몇 년 만에 친구를 만나면 업그레이드된 직장과 스펙, 달라진 외모를 보며 부러워하게 되는 경우가 있다. 친구는 자동차 모델이 업그레이드되듯 계속 변화하고 발전하는데, 자신은 별다른 변화 없이 지내는 것 같아 초라하게 느껴진다. 만년 귀여운 초등학생인 줄로만 알았던 조카는 5년 만에 보니 어엿한 고등학생이 되어 있고, 5년 전에 구입한 최고급 자동차는 이제 새로운 모델에 밀려 구형 차가 되어버렸다. 매일 손에 들고 다니는 스마트폰의 경우, 5년 단위의 교체는 상상조차 할 수 없다. 거의 매년 최신형이 출시되며 구매 욕구를 자극시킨다. 변화와 성장이 아니고서는 퇴보를 언급할 수밖에 없는 시대를 사는 지금의 우리다.

5년 동안 깊이 잠들어 있던 게 아닌 이상 우리는 생각하며 적응하고 새로운 시스템을 피부로 받아들이면서 성장해나간다. 공유주택 서비스인 에어비앤비의 글로벌 전략 책임자로 일했던 칩 콘리는 자신이 24년간 운영하던 호텔을 매각한 뒤 에어비앤비에 입사했다. 수십 년간 호텔리어로 지내온 경험을 회사에 공유해줄 수 있다는 점에서 그는 분명 앞

선 사람이었다. 하지만 공유경제에 대해 뒤처지는 지식, 회사의 기술용어를 잘 이해하지 못해 어려움을 겪었다는 점에서는 신입 '인턴'과 다름없었다. 그가 쓴《일터의 현자》에는 당시 어느 직원이 "어떻게 그렇게 현명하면서 동시에 아무것도 모를 수 있냐?"라고 그를 힐난했다는 내용이 있다. 파트타이머로 에어비앤비에 입사한 그는 경험과 노하우를 공유하며 회사를 성장시켰다. 이후 글로벌 접객 및 전략책임자로 일한 뒤 전략고문으로 재직하게 된다.

세계적인 프리미엄 침대브랜드 시몬스는 침대가 등장하지 않는 TV 광고로 화제를 모았다. 뒤이어 침대를 판매하지 않는 팝업스토어를 국내에 오픈해 또 화제가 되었다. 이곳에서는 침대 대신 문구와 철물 등 소품만을 판매한다. 2018년에는 한국 시몬스 침대 본사가 있는 경기도 이천에 카페, 공연장, 지역 농산물 장터와 박물관 등이 결합된 복합 문화공간 '시몬스 테라스'를 오픈했다. 침대의 성능이 정점을 찍은 상태에서 시몬스가 침대회사임을 강조하는 광고를 버리고 소비자와의 관계와 문화형성으로 마케팅하기 시작한 것이다. 이러한 모습을 변화와 성장의 단면으로 봐야 할까, 아니면 성장이 멈춘 경우로 인식해야 할까?

시장의 반응은 예상보다 뜨거웠다. 시몬스의 팝업스토어에는 평일에도 입장을 기다리는 긴 줄이 있었다. 대부분 20대, 30대로써 결혼할 때

혼수품목이 침대라는 개념에 대한 시몬스 브랜드의 타깃층과 일치하는 결과를 보인다. 이는 성장의 단면을 여실히 보여주고 있다. 침대 기업의 고정관념을 과감히 깨트리고 친근하면서 세련된 영업정책을 보여주었다. 그로 인해 식상한 침대광고나 스토어의 인식을 바꾸고 차별화된 매력을 선물하며 소비자의 반응을 끌어낸 것이다.

영국의 철학자 버크는 "숭고함이란 폭풍우를 멀리서 보는 것처럼 공포와 즐거움이 섞인 감정이다."라고 말했다. 그는 19세기 무렵 아티스트의 음악세계에 어둠과 격렬함을 자유롭게 표현할 수 있도록 발전시켰다. 클래식의 거장 베토벤의 책상에도 철학자 칸트의 구절이 항상 쓰여 있었다고 한다.

자동차나 전자제품은 몇 년을 주기로 새롭게 바뀐다. 나를 제외한 친구들의 모습이 나보다는 더 멋지게 변화하는 것처럼 보일 때도 있다. 하지만 우리도 지금 계속 변화하고 있다. 자동차처럼 5년, 7년이 지난 뒤 돌아봤을 때 내가 얼마만큼 변화했고 성장했는지를 느끼게 된다. 베토벤처럼 철학적 가치를 내면세계에 간직하고 받아들인다면 외형적 성장 속도가 더 빨라질 수 있다. 나는 몇 년을 주기로 성장하고 있는지, 성장하고 있는 게 맞는지, 스스로 자신을 점검해봐야 할 때다.

감정을 적절히 생산하고 소비하라

이모티콘경제학

우리는 때로 문자메시지 내용이나 문자의 뉘앙스 때문에 기분이 좋아지거나 감정이 상하는 경우가 있다. 좋아하는 사람에게 온 카카오톡 이모티콘을 보면 설렌다. 그전까지 상대방이 나에게 보내오던 무형의 감정이 점차 물리적으로 가늠되면서 기쁜 감정을 갖게 되는 것이다. SNS나 메신저는 감정까지 배달하는 것 같다.

우리는 업무상 주고받는 이메일, 문자메시지나 친구와 주고받는 카카오톡에 '감정'을 소비하며 지낸다. 누군가와 만날 약속을 잡고, 만나서 이야기를 나누고, 함께 밥을 먹으며 시간을 보내는 과정에도 물질적 소비와 시간의 소비가 일어난다. 이 과정 역시 누군가에게 감정을 소비하려는 의지가 선행되어야만 가능한 일이다.

일과 공부, 커뮤니케이션의 모든 과정은 감정을 적절히 사용하고 소비하며 진행된다. 단순한 감정일 때도 있고 복합적인 감정을 나타내야 할 때도 있다. 그렇다면 개인의 감정이 부유해지는 방법은 없는 걸까? 경제학에서 말하는 부유해지는 방법이란 생산성을 높이는 길이다. 그렇다면 우리가 매일 소비하는 감정을 생산해내거나 적절히 향상시킬 수는 없을까?

미국 듀크대 경제학과 교수인 댄 애리얼리Dan Ariely는 "지금 우리가 사는 상업적인 세상은 당장 무엇을 하라고 강요한다."라고 말했다. 당장 돈을 쓰라는 유혹에 둘러싸인 채 우리가 살고 있다는 의미이다. 그런데 소비의 대상이 돈이 아닌 감정이라면 우리는 어떻게 대처해야 할까? 이에 대한 올바른 분석 없이 오늘도 우리는 많은 감정을 소비하며 지내고 있다. 친구와 주고받는 문자에서, 일이 뜻대로 풀리지 않는 거래처와의 이메일에서, 눈앞의 고객과의 대화에서, 우리는 진짜 감정을 겉으로 드러내지만 않았을 뿐 엄청난 감정을 소비하고 있는 것이다.

곽금주 서울대 심리학과 교수는 "소비는 불안에서부터 시작된다."라고 말했다. 인간은 소비에 끌려가는 노예라는 점도 강조했다. 아이는 어른과 함께하는 쇼핑에서 원하던 캐릭터 상품이 자기 손에 쥐어지는 경험을 하며 자라난다. 뭔가를 갖고 싶으면 때로 칭얼거리고 결국 '조르기의 힘'을 발휘해 부모의 지갑을 여는 데 성공한다. 어릴 때부터 습관이 된 소비는 어른이 되어서까지 지속된다. 잠시 멈추었더라도 다시 반복될 가능성이 매우 높다.

다인종의 사람들과 부대끼며 다양한 문화를 경험하며 자라는 인도인들은 감정 조절 능력이 매우 뛰어나다. 자신의 뛰어난 업무능력에 감정 조절 능력까지 더해져 구글과 마이크로소프트를 비롯한 미국 대형기업의 CEO는 대부분 인도 사람들이 차지하고 있다.

감정은 분명 소비된다. 누군가의 소비를 통해 내게 전달된 감정에만 집중하기보다 나의 감정을 어떻게 잘 소비하며 지내는 것이 좋을지 생각하자. 똑같은 연봉을 받지만 어떻게 쓰며 지내느냐에 따라 삶의 질은 극명한 차이를 보인다. 돈을 잘 쓰며 지내야 부유한 삶을 살 수 있다. 마찬가지로 감정도 잘 소비해야 더 나은 삶을 살 수 있다. 누군가 보내온 이모티콘 하나에 기분이 좋아지는 우리는 이런 감정의 경제에 약하다. 감정도 단련해야 한다.

내가 서 있는 위치를 파악하라

구성경제학

우린 남보다 우월해보일 목적, 혹은 뒤처지지 않을 목적으로 최대한 멋진 옷을 입고 아름답게 자기 모습을 꾸민 뒤 도심으로 나간다. 예쁜 모습으로 외출한 나는 도심 한복판에서 또 다른 사람들과 맞물리면서 아름다움이 융합된 도심 공간을 조성한다. 이렇게 디자인된 도시의 이미지는 도시경제의 경쟁력이 되어 더 많은 경영 주체들을 도시로 모이게끔 만들고 지역의 경제 가치까지 상승시킨다.

온라인 스트리밍 업체 넷플릭스는 눈길이 절로 갈 만큼 뛰어난 미모의 사람이 한곳에 모여 있는 세련된 도시처럼, 뛰어난 영상 콘텐츠가 서로 어깨를 스치듯 모여 있는 공간이다. 마크 랜돌프가 집필한《절대 성공하지 못할 거야》라는 책에는 넷플릭스의 이름이 넷플릭스가 아닌 '시네마센터'가 될 뻔했다는 이야기가 나온다. 지금 우리에겐 넷플릭스라는 이름이 너무도 익숙하지만 '나우쇼잉', '씬원', '시네마센터' 등 여러 이름이 네이밍 후보였다. 그중 '시네마센터'가 가장 유력한 후보였지만 결국 넷플릭스로 결정하게 되었다는 스토리가 소개된다.

작은 DVD 우편 판매 서비스업체에서 전 세계에 온라인 스트리밍 서비스를 제공하는 업체로 성장한 넷플릭스의 이름이 만약 시네마센터였다면, 과연 지금 같은 큰 성공을 이룰 수 있었을까? 샤피 바칼의 저서인 《룬샷》에는 20세기 사진의 혁명을 가져온 폴라로이드 카메라에 대

한 이야기가 나온다. 1946년 즉석카메라를 비롯하여 수많은 혁신적 제품을 만들어낸 에드윈 랜드는 "노벨상을 받아도 충분하다."라는 호평을 받으며 성장했다. 하지만 기술혁신에만 공을 들였을 뿐 융통성을 발휘하지는 못했다. 그는 즉석 인화 영화기기 '폴라 비전' 등 혁신적 제품을 만들었지만, 가격이 비싸고 딱히 쓸모가 없다는 평을 받으며 몰락했다.

에드윈 랜드는 '폴라로이드'라는 아날로그 도시의 정체성을 제대로 가꾸어 가지 못했다. 아날로그로만 구성된 도시에 억지로 디지털이라는 이방인을 투입시키려 하거나 도시의 출입비용을 높여 방문객이 아무도 찾을 수 없게 만든다면 그 도시의 수명은 길게 지속될 수 없다. 이와 마찬가지로 넷플릭스를 이용 중인 전 세계 대중들에게 넷플릭스는 이제부터 '시네마센터'라고 한다거나 갑자기 월 구독료를 터무니없게 높인다면, 넷플릭스라는 도시에 머무르는 사람의 수는 점차 줄어들 것이다.

여러 개인이 모여 하나의 집단을 구성하게 될 때나 여러 콘텐츠가 하나의 이미지를 만들어가게 될 때, 그들의 관계를 도시 속 메커니즘으로 연상하고 디자인하려는 작업이 필요하다. 그래야만 디지털카메라보다 터무니없이 비싼 폴라로이드를 생산하는 길을 막을 수 있다.

좋은 모습만을 보이고 싶은 인간의 기본적인 욕구는 다양한 분야에서의 디자인 발전을 촉진시켰다. 도시 속 기업들은 디자인 씽킹을 통해 인간의 문제를 해결하며 그 가치를 향상시키고 있다. 나는 어떤 장점과 단점을 가진 사람인지, 내가 사는 도시에서 어떤 역할을 맡고 있는지 분석하고 파악하려는 노력이 필요하다.

숲은 보되 나무를 보지 못하면 해답을 얻기 힘들다. 마찬가지로 나무만 바라보고 있으면 편협된 사고에 갇히기 쉽다. 숲이 어떤 나무들로 구성되어 있는지 파악한다면 어떤 문제든 해답을 더 쉽게 얻을 수 있다. 자신을 둘러싼 배경을 멀리서 혹은 가까이서 분석해보자. 어떤 역할을 감당해야 하는지, 자기 위치에서 발휘해야 할 능력이나 변화해야 할 방향을 짐작할 수 있게 된다. 조화롭게 어울리는 지혜가 필요하다.

위험한 군중심리에서 벗어나라

아이스아메리카노경제학

난폭운전을 일삼으며 앞차가 천천히 주행한다는 이유로 경적을 울리고 욕하는 사람이 있다. 보복 운전까지 일삼으며 자신의 화를 거침없이 분출해내는 사람도 있다. 이런 사람들은 어쩌다 이렇게 됐으며 왜 이런 삶게 된 것일까?

연예인의 자살로 사회가 발칵 뒤집힐 때가 있다. 연예인이 자살하는 데에는 많은 사유가 존재하겠지만 악플에 의한 스트레스가 원인인 경우가 대부분이다. 대중들로부터 많은 관심을 받으며 지내는 연예인의 경우, 일반인이라면 아무 거리낌 없이 했을 행동에도 많은 의미가 부여되고 때로는 심한 질타를 받는다.

그렇다면 대중은 연예인 기사에 왜 악플을 다는 것일까? 불만이 있다면 직접 찾아가서 말해도 될 것을, 굳이 댓글을 달아 당사자에게 심리적 상처를 제공해야만 직성이 풀릴까? 이런 악플러들은 어쩌다가 이런 삶을 선택하게 된 것일까?

만약 댓글을 달기 위한 조건이 공인인증서로 로그인을 한 뒤 주민등록번호를 입력하여 본인인증 절차를 거치고, 아이디나 닉네임이 아닌 본인 실명으로 댓글을 써야만 하는 조건이라면 악플 문화는 순식간에 사라지게 될지 모른다.

댓글을 다는 과정이 불편하거나 귀찮기 때문이 아니다. 익명성이 사라지기 때문이다. 대부분의 사람은 자신이 피해당하게 될 것을 두려워한다. 어떻게든 피해당하지 않으려 자신을 철저히 보호한다. 하지만 남이 입는 피해에 대해서는 대체로 관대하며, 피해 입는 당사자가 자신과 만날 일이 없는 TV 속 인물이라면 더더욱 그 피해에 대해 심각하게 생각하지 않는다.

내 마음에 들지 않게 운전했다는 이유로 보복 운전을 하고, 상대방을 향해 욕을 퍼붓는 운전자의 모습이나 연예인에게 악플로 상처를 주는 모습은 자기 이름이 공개되지 않는 '익명성의 보장' 덕분에 생겨난 용기이다. 만약 보복 운전을 하거나 창문을 열고 상대방에게 욕을 하게

될 경우, 욕하는 운전자의 이름과 나이, 연락처까지 모두 운전자의 차량 유리창에 LED로 자동 노출되는 기술과 법안이 마련된다면 아마 도로 위에는 평화가 찾아올지 모른다.

댓글을 다는 사람들에게 익명성이 있다면, 다수의 사람들이 낸 의견에 전적으로 동의한 채 타당성과 효율성을 따져보지 않고 결정을 내리는 군중심리도 있다. '익명성'과 '군중심리' 모두 자신을 숨기거나 드러내지 않으려는 자기보호에서 출발한다. 그리고 '남들이 하는 것이 맞을 것'이라고 믿고 다수 의견의 흐름대로 따르는 것이다.

나를 제외한 모든 팀원이 다 아이스 아메리카노를 주문하는데 나 혼자만 따뜻한 라떼를 마시겠다고 하면, 혹시라도 이상한 사람으로 비춰질까 봐 취향에도 없는 아이스 아메리카노를 시킨다. 그렇게 마시기 시작한 아이스 아메리카노가 몇 번 마시다 보니 생각보다 나쁘지 않아 실제로 아이스 아메리카노를 즐겨 마시는 사람이 되어버릴 수 있다.

경제학에서 말하는 '밴드왜건효과Band Wagon Effect'는 나에게 필요한 상품인지, 왜 구입하는지 등 합리적 이유를 따지지 않고 그저 다른 사람들이 사기 때문에 나도 사게 되는 군중심리에 기본을 두고 있다.

대부분의 사람들은 신경정신과 상담을 받아보려고 여기저기 알아보지만, 정신병원을 출입하는 내 모습을 누군가 지켜보고 '재는 정신병자다.'라고 생각할까 봐 겁이 나 상담 받으러 갈 생각을 접게 된다. 사실 내가 정신병원에 출입하건 비만 클리닉을 방문하건 사람들은 아무도 신경 쓰지 않고 있는데도 말이다.

익명성이나 군중심리, 밴드왜건효과에 편승하려는 심리를 불편하게 여겨야 한다. 판단의 착오를 가져오고 정의롭지 않은 행동을 유도하기 때문이다. 우리는 언제 어디서든 당당하게 바로 서야 한다. 생각과 행동이 옳을 때 흔들림 없이 서 있을 수 있다는 사실을 기억하자.

고정관념의 틀을 깨고 새로워져라

공간경제학

2020년 3월, 세계적 건축가 렘 콜하스가 설계한 갤러리아백화점 광교점이 오픈했다. 이곳은 렘 콜하스의 건축 스타일답게 실내조명과 자연광이 조화롭게 어우러지는 디자인패턴을 보여준다. 안정적인 외관과 불규칙한 볼륨감이 조화를 이루는 새로운 형태의 건축물이다.

지금까지 우리 관념 속 백화점은 모든 면이 벽으로 막혀 밖을 볼 수 없는 형태였다. 그렇지만 갤러리아백화점 광교점은 울퉁불퉁한 형태의 창문을 건물 외벽 중간마다 연결해 백화점 건축설계의 새로운 패러다임을 제시했다.

전통적으로 백화점 공간디자인에서 시계와 창문은 늘 찾아볼 수 없

는 요소였다. 백화점 고객이 시계를 보게 되면 쇼핑을 서둘러 마치고 귀가해버릴 수 있다는 이유에서였다. 유리창 역시도 손님들이 바깥을 보며 날이 저물고 있다는 걸 깨닫고 일찍 쇼핑을 마무리할 수 있다는 계산에서 설치하지 않는다. 바깥을 보고 있는데 갑자기 비가 내리기 시작한다면, 우산 없이 등교한 아이 걱정에 황급히 쇼핑을 마무리하고 떠날 수도 있다. 이러한 전통적인 관념을 깨고 갤러리아백화점 광교점은 유리창을 과감하게 설치했다.

발터 슈미트가 지은 《공간의 심리학》이란 책에는 시간을 가늠하는 햇빛이 없을 때 사람의 생활 리듬이 어떻게 변화하는지에 대한 실험을 소개하고 있다. 1960년대 행동생리학자인 위르겐 아쇼프는 햇빛이 들지 않는 수면실에 사람들을 격리하고 관찰했다. 그 결과 햇빛이 없는 환경에서는 25시간의 생활 리듬을 보인다는 것을 알게 되었다. 그들은 시간을 조금씩 늦게 인식하고 행동했다. 햇빛이 인간의 생활 리듬을 조절하는 데 많은 부분을 기여하고 있다는 근거가 된다. 그동안 햇빛이 들지 않던 백화점은 하루를 25시간으로 늘려주는 쇼핑 판타지 공간이었던 것이다. 이로써 우리는 외부 세계와 철저히 차단된 공간 판타지를 경험하며 백화점 매출을 증대시키는 데 기여해왔다.

지금까지 창문이 없는 건축양식이 백화점의 전형적인 패턴이었다면, 이제는 유리창이 있는 백화점이 생겨났으니 업계에서는 창문이 있고 없는 두 부류 경쟁이 시작된 셈이다. 사람들은 반신반의한다. 그동안 백화점이 창문을 만들지 않았던 데에는 이유가 있었을 텐데, 굳이 무리한 도전을 할 필요가 있었겠느냐고 말이다.

의학심리학자인 요제프 빌헬름 에거는 "온화하고 따스한 빛은 심리적 안정감을 제공해주는 동시에 가라앉은 기분을 밝게 끌어올려 준다."라고 말했다. 그런 이유 때문인지 우리는 실내공간의 한가운데에 위치한 책상보다 창가에 있는 책상에 심리적으로 더 이끌린다. 햇빛이 들어오는 백화점은 고객에게 안정감과 밝은 기분을 제공해준다.

커트 르윈Kurt Lewin은 사람과 환경이 상호작용하고 있으며 공간이 변하면 태도가 바뀐다는 것을 수학 공식으로 증명해낸 바 있다. 우리는 사회생활을 하며 각 장소에 따라 행동과 태도를 달리해야 한다는 점을 인지하고 있다. 노래방에서는 고래고래 소리를 지르는 게 가능하지만, 노래를 다 부르고 난 뒤 복도에 나와서는 소리를 지르면 안 된다는 것이나, 운동장에서는 자유롭게 소리치며 뛰어다닐 수 있지만 병원이나 교회에서 그래서는 안 된다는 것을 누구나 알고 있다.

우리는 그동안 백화점이라는 공간에서 해도 되는 행동과 하면 안 되는 행동을 머릿속에 입력하고 행동했다. 백화점을 방문할 때의 마음가짐도 다른 공간의 경우와 달랐다. 하지만 이제는 백화점에서 해도 되고 하면 안 되는 행동에 대한 고정관념을 고수할 필요가 없을 듯하다. 백화점이라는 공간이 변하고 있기 때문이다.

#07

동네를 이롭게 하는 디자인경제

문화를 지켜내지 못하면 모든 골목이 똑같아진다

골목경제학

도심 속 골목길에 들어서면 다양한 소상공인들과 기업이 있다. 지역적 특색이나 창업자의 개성을 최대한 살려 독특한 상가를 오픈한 곳이 있는가 하면, 어느 동네에서나 흔히 볼 수 있는 카페와 대형 베이커리로 가득한 골목도 존재한다. 왜 이러한 차이가 발생하는 것일까?

지역적 특색이 뚜렷한 어느 골목에 소소한 상점들이 가득해지고 관광객으로 북적여 시장성이 높아지면 그 골목을 눈여겨보는 기업의 투자가 이어진다. 이로써 뚜렷한 특색을 가졌던 골목에 흔한 대기업 프랜차이즈가 생겨나고 골목의 특수성은 사라져버린다. 다시 말해 어디에서나 볼 수 있는 상점들로 가득한 골목이 조성되는 것이다.

1970년대 이후 급속도로 강남이 개발되면서 상점과 인구가 강북(강남 외) 도심을 이탈하는 현상이 발생했다. 강남이라는 특수성이 서울에 생기자 사람들은 너도나도 강남으로 몰리기 시작했다. 그 시절, 강남도 신촌도 아니었던 홍대입구는 별다른 주목을 받지 못했다.

그런데 1990년대로 접어들며 홍대 문화가 안정적으로 정착된 이후 그 주변 도심이 발전하기 시작했다. 홍대 주변 골목에도 강남이나 가야 볼 수 있었던 대형 프랜차이즈 상점이 들어섰다. 그렇게 홍대거리에서만 경험할 수 있는 문화를 기반으로 도시 문화의 보편화가 진행되기 시작한 것이다.

골목길의 특색 있는 문화는 그곳을 찾는 아티스트들과 골목에 뿌리내린 자영업자들에 의해 창출된다. 하지만 프랜차이즈 가맹점과 브랜드 상점이 점점 늘어나면 독특한 골목 문화를 위협하기 시작하고, 아쉽지만 얼마 지나지 않아 그 길이 가지고 있던 특색은 사라지고 만다.

1986년 창업해 30년 동안 홍대 앞을 지켜오던 유명 빵집 리치몬드 과자점은 2012년 건물에서 쫓겨났다. 대신 대기업이 운영하는 프랜차이즈 카페가 그 자리를 차지했다. 오랜 시간 많은 사람의 사랑을 받으며 홍대 문화의 한 축을 담당해오던 빵집이 사라지고, 대한민국 어디를 가도 흔히 볼 수 있는 프랜차이즈 커피숍이 그 자리에 생겨나자 주변 사람들은 아쉬움을 금치 못했다.

이와 비슷한 사례로 스타벅스를 들 수 있다. 전 세계적으로 스타벅스가 입점한 지역은 유동인구를 늘려 주변 상권에 적지 않은 혜택을 가져다준다. 스타벅스가 입점했다는 건 그 지역의 시장성에 대한 조사가 완벽하게 이루어졌다는 것을 증명하기 때문이다. 따라서 대형 브랜드 상점들이 스타벅스 주변에 많이 생겨나는 결과를 가져온다. 그 때문에 자본력이 약한 소상공인들은 그곳에 뿌리내리고 있었을지라도 이내 밀려날 수밖에 없다.

홍대와 연남동 상권의 연장선에 있는 연희동은 45개의 건물을 외부 개방적인 구조로 리모델링하여 다양한 가게들이 들어서게 되었고, 덕분에 현재의 연희동 모습이 되었다고 한다. 이렇게 디자인적, 경제적, 심리적으로 봐도 손색이 없는 장소가 있다면, 그곳을 중심으로 소비 활동이 일어난다. 주변 상권의 발전은 물론 주변 지역으로의 도시연담화 Conurbation까지 기대해볼 수 있는 것이다.

골목의 지역경제가 활성화되고 특색 있는 문화를 지켜낸다면 대형 프랜차이즈의 입점보다 더 의미 있는 발전이 이루어지게 된다. 그 지역만이 갖는 문화와 특수성을 그대로 보존하면서도 말이다.

산동네의 에스컬레이터는 주민을 위함일까

도시재생경제학

서울시는 중남미 콜롬비아를 공식 방문하여 고지대인 동시에 빈민가였던 메데인Medellín 지역을 둘러보았다. 본래 메데인은 마약과 살인 등 사건 사고가 끊이지 않는 악명 높은 도시였다. 하지만 도시를 가로지르는 '코무나13'이라는 초고층 에스컬레이터의 도입으로 빈민가 이미지를 벗고 도시재생을 성공적으로 이뤄나가고 있었다. 서울시는 이곳을 벤치마킹하겠다는 뜻을 밝혔다.

아파트 주거형태가 보편화된 한국은 갈수록 줄어들고 있는 인구수 대비 너무 많은 집을 양산해내고 있다. 인구가 도시로 몰리는 현상 또한 막을 수 없어 구도심에서부터 도시의 슬럼화가 시작되었다. 지자체의 조사에 따르면 부산광역시 영도구는 슬럼화가 진행돼 빈집만 1만 4천 곳을 넘어섰다고 한다.

반면 관광지가 된 부산 감천문화마을은 낡은 집들의 외관에 벽화를 그리는 등 문화적 요소들을 채우며 도시재생에 성공했다. 지하철도 에스컬레이터도 없는 허름한 동네에 문화가 채워지니 그 주변에도 비슷한 부류의 다양한 상점들이 생겨났다. 그 때문에 이 지역의 거주형태가 상업화로 점차 변모되어가고 있다.

중남미지역 콜롬비아의 메데인을 둘러보던 서울시는 한국의 경우를 빗대어 "부산 감천마을은 관광객이 많지만 지역주민을 위한 시설이 별

로 없는데 여기(메데인)는 청소년 운동 시설도 많다. 지역주민들이 행복해야 관광객도 찾아온다."라고 말했다. 그러면서 "삼양동이나 수유리에도 주민을 위한 모노레일이나 엘리베이터 등을 놓고 벽화가 그려지면 얼마든지 관광 마을이 될 수 있을 것이다."라고 말하며 서울 산동네의 도시재생을 기대했다.

대한민국을 대표하는 수도 서울은 개발의 무게가 강남으로 치우쳐 발전의 불균형이 극명한 곳이지만, 슬럼화를 걱정할 만한 구역은 아직 없다. 서울 구도심 지역은 조합원과 당국의 마찰 때문에 개발이 늦어지고 있을 뿐 대부분 재개발을 꿈꾸고 있다. 삼양동과 수유리를 비롯한 강북지역 주민들도 마찬가지다. 하지만 도시 에스컬레이터 설치가 현실화되기에는 많은 어려움이 예상된다는 분석이 앞선다.

현재 서울시는 수유리와 삼양동을 유명 관광지로 발전시킬지, 주민이 행복한 주거지역으로 발전시킬지 명확한 방향성은 아직 없어 보인다. 산동네의 특성상 촘촘하게 밀집된 가옥구조의 지역이 관광지가 되어 관광객의 발길이 많아지면 상업 관련 수요는 증대될 것이다. 반면에 주민들의 불편은 커지게 마련이다. 예컨대 홍콩의 경우 고지대와 도심을 연결하는 미드 레벨 에스컬레이터 주변에 가득 들어선 상업 시설이 이를 방증한다. 도시를 가로지르는 거대한 에스컬레이터 설치는 도시 단위의 큰 규모의 계획이 세워져야 가능한 사업이다.

한번 실행하고 나면 주변 재개발은 당분간 포기해야 할지 모른다. 지역주민들이 행복해야 관광객도 많이 온다고 말한 서울시의 발언을 상기해볼 필요가 있다. 많은 관광객 때문에 지역주민이 행복하지 못하는 상황이 생길 수도 있다. 수유리와 삼양동에 설치될 에스컬레이터가 지역주민의 행복을 위한 것인지 아니면 관광자원 개발을 통한 도시재생 사업인지를 서울시는 곰곰이 생각해봐야 한다.

보이지 않는 손이 향하고 있는 방향은 어디일까

지하철경제학

국토교통부의 승인으로 코엑스 앞 일대의 지하도시개발사업이 급물살을 타게 되었다. 총 1조 3천여억 원 규모의 '강남권 광역 복합 환승센터' 개발사업은 삼성역에서부터 봉은사역까지 630m 구간에 GTX와 도시철도, 지하철, 버스 등이 교차하는 대규모 지하 환승 공간을 마련하는 사업이다.

현대자동차의 옛 한전 부지 입찰부터 이곳을 동시에 통과하는 GTX-A노선과 C노선의 예비 타당성 통과 그리고 지하 환승센터 개발사업의 국토교통부 승인까지 모든 과정이 막힘없이 이어졌다. 이 스토리는 마치 자본주의 경제학의 원리인 '보이지 않는 손'을 떠오르게 한다.

경제학자 아담 스미스가 저서《국부론》에서 말한 '보이지 않는 손'은 큰 그림 즉, 거시적 관점에서 바라본 인적·물적 자원 배분이 마치 보이지 않는 손에 의해 움직이듯 흘러가는 현상을 설명한 것이다.

우리가 먹는 음식을 예로 들어보자. 농사를 지어 추수를 하고 그것을 유통하여 판매에 이르게 하는 인력과 프로세스가 발생한다. 내가 먹을 음식을 위해 그렇게 하라고 아무도 시킨 적이 없지만 신기할 정도로 착착 맞게 돌아간다. 이는 음식을 필요로 하는 수요자와 그것을 차근차근 제공하는 공급자의 니즈가 상호작용하여 만들어낸 시스템이다.

영동대로 지하건설 역시 경제학적 관점으로 본다면 더 많은 교통 편의가 필요한 수요자들과 그 요구에 부응하는 서비스를 제공하려는 서울시의 상호작용이다. 결과적으로는 보이지 않는 손이 작용했다고 할 수 있다.

지하에 대규모 환승센터를 건립하려는 시도는 인천광역시 서구 가정동 일대의 루원시티에서 먼저 시작되었다. 루원시티는 입체복합도시를 건설하겠다는 계획으로 1층에는 테마공원을 비롯한 BRT 환승역, 지하 1층에는 상업 시설, 지하 2층에는 인천 도시철도 2호선 가정역을 건

설한 뒤 'ㄱ'자로 굽어 있는 경인고속도로를 직선으로 곧게 변경하고 이를 지하 3층에 지하화하여 인천공항까지 빠르게 연결해주도록 설계했었다.

하지만 경인고속도로를 직선화하여 인천공항까지 연결하겠다는 계획은 인천광역시와 LH공사만의 독자적 계획이었다. 인천항의 물동량을 고려한 국토부에서는 이를 승인해주지 않았다. 이로써 '광역급 입체환승도시'를 꿈꿨던 루원시티의 계획은 물거품이 되고 말았다. 상호 간의 정보교류가 없었던 정보의 비대칭성 때문에 대규모 사업이 수포로 돌아간 예이다.

오랜 시간이 흐른 지금 루원시티는 입체 도시의 꿈을 버린 뒤 그곳에 인천시청 2청사 건립을 앞세워 개발에 박차를 가하고 있다.

도시의 디자인을 변경하여 실질적인 경제적 가치를 실현하겠다는 의지이다. 이에 힘을 실어주듯 국토부에서는 현재 루원시티(가정역)를 통과하는 인천 2호선 지하철이 김포를 지나 일산까지 연장하도록 허가했다. 이제 루원시티는 디자인경제를 실현해내기 위해 다시 큰 그림을 그려가고 있다. 오히려 영동대교 지하도시 건설에서 나타난 보이지 않는 손이 루원시티에도 나타나게 되었다. 이러한 이유 때문인지 루원시티는 근처에 있는 청라국제도시보다 더 큰 관심을 받기도 했다.

게임이론의 관점에서 봤을 때 이전 루원시티는 경제적이거나 전략적으로 행동하지 못했다. "내가 이렇게 행동하면 상대방은 어떻게 행동할 것인가?"를 예측하며 대응해나가는 게 게임이론이다. 모두를 만족시키는 절대적 대안이 있다고 정의를 내리기보다 매순간 조심스러운 대응으로 정보의 비대칭성을 점차 줄여나가는 합리적인 의사결정 시스템이다.

대한민국 최초의 고속도로인 경인고속도로의 노선을 변경하면서까지 사업을 진행하려 했던 루원시티. 어찌 보면 '교통시스템의 획기적 효율성 증대'라는 측면에서 루원시티와 영동대로 이 두 사업의 취지는 같다.

하지만 루원시티는 큰 삐걱거림이 있었고, 영동대로는 마치 보이지 않는 손이 이끌어주듯 술술 풀려나갔다. 아담 스미스가 말했던 보이지 않는 손. 그 보이지 않는 손은 대한민국의 어디를 향하고 있는 걸까.

성공에 대한 기대보다 실패가 더 두려운 투자

신도시경제학

자동차는 구매하는 즉시 가격이 하락한다. 하지만 그것에 불만을 표하는 사람은 없다. 우리가 매일 사용하는 스마트폰 역시 마찬가지다. 새것을 구매한 뒤 잠깐 사용해도 이미 중고가 된다. 고려청자나 유명미술품이 아닌 이상 모든 제품은 구매한 뒤 시간이 흐르면 흐를수록 가치가 하락한다. 하지만 부동산을 매입(취득)하면 아주 특별한 경우를 제외하곤 대부분 가격이 상승한다.

노벨경제학상을 수상한 다니엘 카너먼 교수는 인간의 손실 회피성을 설명하면서 1만 원을 잃었을 때의 상실감과 2만 5천원을 얻게 되었을 때 기쁨이 대략 비슷하다고 말한 바 있다. 이는 1만 원을 잃었을 때

상실감이 같은 금액을 손에 쥐었을 때의 기쁨보다 2.5배 강하다는 사실을 보여준다. 자신이 입는 손실을 철저히 회피하려는 인간의 본성은 카너먼 교수의 프로스펙트 이론으로 정리된다.

동전을 던져서 나오는 면을 보고 돈을 주고받는 게임을 한다고 할 때 뒷면이 나올 확률과 앞면이 나올 확률은 모두 절반씩 공평하다. 동전을 던져서 뒷면이 나오게 될 경우 1만 원을 지불해야 하는 상황이라면, 앞면이 나왔을 땐 1만 원을 받게 되는 공평한 상황이다. 하지만 사람의 손실 회피 심리는 1만 원을 잃을 때의 아픔을 더 크게 여기기 때문에 이 조건만으로는 선뜻 내기에 참여하려 하지 않는다.

문재인 정부 출범 이후 부동산 가격의 안정을 추구하고자 정부는 공시지가의 상승 발표와 부동산 투기지역의 확대 그리고 3기 신도시 발표 등 굵직한 대안들을 내놓았다. 그로 인해 대한민국 부동산은 심각한 조정을 받고 있는 듯하다.

대한민국 신도시의 역사는 1989년 분당, 일산을 포함한 5개 도시에 1기 신도시를 지정하면서 시작되었다. 당시 정부는 폭등하는 집값을 안정시키는 동시에 주택난을 해소하고자 신도시 건설 계획을 발표했다. 이를 통해 80년대까지 60%대였던 주택보급률이 1990년대 들어 70%를 넘으며 안정을 찾았다.

미국 스탠포드대학 마크 레퍼 교수는 마트 내 잼을 시식할 수 있는 부스를 만들어 한 곳에는 6종류, 다른 곳에는 24종류의 잼을 놓고 고객들의 반응을 알아보는 실험을 했다. 그를 통해 6종류의 잼이 있는 코너에서 40%, 24종류의 잼이 있는 코너에서는 단 3%의 구매가 일어났다.

신도시 개발로 인한 국가 경제의 혜택이 실질적으로 일어나자 정부는 2003년 수도권뿐만 아니라 충청도까지 범위를 확대하여 총 12개 도시에 2기 신도시 건설을 발표했다. 하지만 마트에서 구매 가능한 상품의 가짓수가 너무 많으면 구매율이 떨어지는 것처럼, 1기 신도시에 비해 그 수가 많은 2기 신도시는 도시개발과 인프라 구축 등 뒷정리가 깔끔히 되지 못한 상황이었다. 이와 같은 상황 속에서도 정부는 3기 신도시를 지정 발표하며 부동산 수요를 흩어버리는 결과를 낳고 말았다.

손실을 회피하고자 하는 본성이 있는 인간은 2만 5천원의 이득보다 1만 원의 손해를 더욱 두려워한다. 따라서 조금이라도 손해가 일어나는 투자는 하지 않으려고 한다. '무난한 것'에 대한 가치를 일깨우려는 것일까. 현시대의 움직임은 모두가 잘사는 시대를 만들기 위함인지, 아니면 모두의 움직임이 불편한 시대를 만들려는 것인지 진지하게 생각해볼 필요가 있다.

스타벅스가 추구하는 것은 커피가 아니다

스타벅스경제학

값비싼 원료만을 사용해 제품을 만든다고 무조건 고객의 선택을 받는 건 아니다. 제품을 담을 수 있는 브랜드라는 그릇이 필요하고, 그 브랜드의 이미지는 고객의 선택을 받느냐 못 받느냐의 결정적 부분을 담당하는 중요한 부분이다.

많은 사람이 맥도날드는 콜라 판매로 수익을 올리고 스타벅스는 아메리카노 판매로 돈을 벌고 있다고 생각한다. 하지만 이는 사실과 다르다. 비즈니스의 본질을 파헤쳐보면 맥도날드는 햄버거와 콜라가 아닌 부동산으로 수익을 올리고 있다. 스타벅스는 공간이 주는 경험을 강조하며 수익을 올린다.

스타벅스는 '스타벅스에서 맛볼 수 있는 커피의 맛'이 아닌 '스타벅스라는 공간에서만 가능한 경험'이 비즈니스의 핵심이다. 이러한 전략은 스타벅스라는 브랜드 가치를 세계 최정상급으로 끌어올려주었다. 세계 최대의 커피 브랜드로 성장시킨 원동력인 셈이다.

국내에서 여행상품을 취급하는 브랜드인 '마이리얼트립'은 현지 가이드 투어를 연결하는 비즈니스 모델을 선보이며 '여행상품'이 아닌 '여행경험'을 판매하며 브랜드의 가치를 높였다. 가이드를 따라 유명 관광지를 순차적으로 둘러보는 일반적인 여행이 아니라 '미술, 역사 전공

자와 함께 박물관 투어하기', '소믈리에와 함께 와인농장 투어하기' 등 특색 있는 여행 콘텐츠로 브랜드의 입지를 더욱 공고히 했다.

스타벅스는 집과 회사 사이의 '제3의 공간'이라는 콘셉트를 앞세우며 국내 매장 수를 계속 확장해가고 있다. 일단 스타벅스가 입점하면 건물의 가치는 가파르게 상승한다. 철저한 시장조사를 통한 입점임을 사람들이 알기에 주변 지역의 가치도 동반 상승하게 된다. 무엇보다도 철저히 시장조사를 하고 입점해준 스타벅스 덕분에 다른 업체에서는 별다른 시장조사 없이도 주변에 입점한다. 결국 스타벅스가 펼쳤던 '자기회사 경영을 위한 노력'이 자기회사뿐 아니라 주변의 많은 업체와 지역에도 도움을 주고 있는 셈이다.

국내 자산가 중에는 허름한 꼬마빌딩을 매입한 뒤 깨끗하게 리모델링하여 1층에 스타벅스를 입점시키고 건물의 가치를 상승시킨 사례가 있다. 억대 자산가가 아닌 일반인은 생각하기 힘들지만 스타벅스가 재테크의 수단으로도 활용되고 있는 것이다.

내가 사는 집 주변에 대형 할인마트나 유명 백화점이 들어오면 내 집과 주변의 가치는 몰라보게 상승한다. 하지만 그런 일이 일어날 확률은 매우 적다. 현재 국내 쇼핑업계는 오프라인 매장의 다운사이징을 추구하고 있기 때문에 집 주변에 대형매장이 새로 생겨날 확률은 더 희박해졌다.

하지만 내가 머무는 공간 주변에 시장성만 확보된다면 스타벅스는 충분히 생겨날 수 있다. 그러면 백화점 못지않게 주변 부동산 시세에 많은 영향을 끼치고 유동인구를 불러 모을 것이다.

스타벅스는 분명 커피를 판매하는 곳이지만, 그들의 경영철학과 전략에 '커피'는 별로 등장하지 않는다. 오히려 어떻게 하면 스타벅스라는 매장의 공간을 더 의미 있게 구성할까에 초점을 맞춘다. 고객은 커피를 마시고 싶어서 스타벅스를 찾지만, 무의식중에 스타벅스라는 공간을 방문하고자 했던 것이다.

핵심가치에 집중하여 전략을 세우면 비즈니스가 의외로 잘 풀린다. 스타벅스에서는 고객이 "내가 생각한 것과 다르게 커피가 제조된 것 같다."라든지, "커피 맛이 마음에 들지 않는다." 등의 컴플레인을 제기했을 경우, 커피 원가나 노동력을 계산하지 않고 손님이 원하는 대로 다시 만들어준다. 만약 스타벅스의 경영전략이 '공간'이 아닌 '커피'였다면 바리스타들은 자존심을 굽히지 않고 손님과 대치했을지도 모른다.

#08

비즈니스를 이롭게 하는 디자인경제

독점은 인간의 생활을 편하게 만들어준다

독점경제학

국내 컴퓨터의 대부분은 윈도우를 기반으로 작동되는 PC를 사용하고 있다. 동네에 있는 PC방만 가도 모든 컴퓨터에는 100% 윈도우가 설치되어 있다. 윈도우 아닌 다른 운영체제가 설치된 컴퓨터를 찾아보기는 어렵다.

세계 최고의 부자라는 수식어가 붙은 마이크로소프트사의 창시자 빌 게이츠는 컴퓨터 소프트웨어인 윈도우를 개발하여 거의 모든 PC의 운영체제가 되게 하는 통합의 역사를 이루어냈다.

사실 컴퓨터의 운영체제는 윈도우만 있는 것이 아니다. 유닉스, 리눅스, 애플 컴퓨터의 맥 OS 등 운영체제의 수는 우리가 생각하는 것보다 많다. 그렇지만 이용자들에게 선택을 받는 건 단연 윈도우이다. 윈도우를 사용하면 다양한 프로그램을 사용할 수 있고, 같은 시스템을 사용하는 많은 사람과 네트워킹이 가능하다. 윈도우는 오래전부터 '독점이다, 아니다'라는 말이 많았다. 하지만 결국 윈도우가 독점적 행보를 취해준 덕분에 우리는 이메일로 파일을 주고받거나 온라인 게임을 할 때 운영체제를 체크하지 않아도 되는 간편한 삶을 살 수 있게 되었다.

네이버는 국내 포털사이트 업계에서 부동의 1위를 유지하고 있다. 우리나라 국민들이 너도나도 네이버로 검색을 하는 습관 덕분에 더욱 성장할 수 있었고, 검색과 관련된 모든 소프트웨어 시장을 석권하기에 이르렀다. 그래서 이용자들은 네이버를 통해 정보를 얻고, 자신이 가지고 있는 정보를 네이버에 올리려 한다. 덕분에 포털 업계의 독점권을 쥔 네이버는 정보의 보유량이 더욱더 늘어나게 되었다. 모르는 것이 있으면 "네박사(NAVER박사)에게 물어봐!"라는 유행어가 생길 정도로 그 파급력은 국내에서 독보적이다.

포털 업계의 독점권을 쥐어준 덕분에 네이버의 정보 보유량은 갈수록 더욱 늘어나게 되었다. 그 덕분에 우리나라 사람들은 검색할 일이 생겼을 때 어떤 검색엔진을 사용할지에 대한 고민 없이 바로 네이버에 접속해도 되는 삶을 살고 있다. 정보를 찾고자 하는 사람과 정보를 제공하고자 하는 사람들 모두 네이버로 모여들게 되며 대한민국 검색계의 거대한 생태계가 조성된 것이다.

스마트폰 모바일 시장이 개막되자 네이버는 메신저 라인LINE을 개발했다. 라인은 현재 전 세계 사용자들에게 사랑을 받고 있지만, 유독 종주국인 대한민국에서만큼은 그다지 인기를 얻지 못하고 있다. 그 이유는 바로 카카오톡이 국내 메신저 시장을 완전히 장악해버렸기 때문이다.

대한민국 국민의 대다수가 카카오톡을 통해 연락을 주고받는다. 카카오톡을 사용하게 된 배경을 살펴보면 라인과 비교했을 때 프로그램의 품질이 더 좋아서도 아니고, 사용자에게 물리적 이득을 제공해주기 때문도 아니다. 너도나도 카카오톡에 가입하고 있는 상황에서 나 혼자만 다른 메신저를 사용할 경우 다른 그들과 소통할 수 없기 때문이다. 네트워크 효과를 기반으로 하는 모바일 메신저에서 다른 사람과 네트워킹이 불가능하다면 그 메신저를 사용할 이유는 사라진다. 결국, 국내 모바일 메신저 시장을 독점해준 카카오톡 덕분에 우리는 어떤 메신저를 사용할지 고민하지 않게 된 것이다.

컴퓨터 운영체제의 윈도우, 검색엔진의 네이버, 메신저계의 카카오톡처럼 시장을 독점해준 브랜드 덕분에 우리는 오히려 편안한 삶을 살고 있다. 만약 카카오톡이 아주 근소한 점유율 차이로 라이벌과 경쟁을 지속한다고 가정해보자. 아마 지난달에 카카오톡으로 소통하던 친구와 이번 달에는 라인으로, 다시 다음 달에는 또 다른 메신저로 소통해야 하는 몹시 번거로운 삶을 살게 될는지도 모른다.

국내의 경우와 달리 네이버의 라인LINE은 일본을 비롯한 해외에서 국민 메신저로 사랑받고 있다. 카카오톡은 오직 한국에서만 1위를 하고 있을 뿐이다. 이런 사실을 알게 되었다고 해서 당장 세계화를 외치며 카카오톡을 버리고 다른 메신저로 갈아탈 수도 없는 노릇이다. 이미 우리는 카카오톡이라는 메신저에서 벗어날 수 없다는 걸 모두가 알고 있기 때문이다. "독점은 나쁜 거야."라고 공공연하게 주장하지만, 그 사람 역시도 카카오톡의 독점체제 아래에서 소통의 편안함을 느끼며 잘 지내고 있다.

맞춤서비스를 사랑할 수밖에 없는 이유

넷플릭스경제학

2019년 jtbc를 통해 방영된 'SKY 캐슬'은 최고시청률 23.8%를 기록하며 명실상부한 국민 드라마의 반열에 올라선 바 있다. 'SKY 캐슬'의 입시 코디네이터였던 김주영 선생은 극중 중심인물로 출연했던 예서의 전담자가 되어 진로를 기획하고 미래를 디자인해주는 치밀함을 보였다. 성적이 오르는 결과로 실력이 증명된 덕분에 예서와 가족들은 김주영 선생을 더욱 신뢰하고 전적으로 의지하게 된다.

극 중에서 김주영 선생은 마치 입시 분야의 전지전능한 신처럼 묘사된다. 하지만 이는 현실적으로 빅데이터를 처리하는 능력과 예측, 그리고 상황에 맞는 추천만 해줄 수 있으면 가능한 일이다. 21세기 들어 가장 많이 언급된 단어는 아마도 '빅데이터'일 것이다. 'SKY 캐슬'의 김주영 선생은 인간으로서 본인이 직접 빅데이터를 처리했지만, 현실에서는 컴퓨터와 로봇이 빅데이터를 처리해내고 있다.

2020년 개막과 함께 찾아온 코로나19 때문에 세계인은 야외활동과 영화 관람을 자유롭게 하지 못하게 되었다. 그 틈을 타 집에서 영화를 볼 수 있는 넷플릭스가 대세로 등극했다. 여기에 더해 영화관에서의 개봉을 준비하던 많은 영화가 넷플릭스에서 개봉하는 쪽으로 방향을 틀기 시작했다.

DVD 렌탈 업체로 시작한 넷플릭스는 빅데이터를 기반으로 콘텐츠

의 추천 시스템과 제작 시스템을 잘 발전시켜 세계 최대의 미디어 기업으로 성장했다. 넷플릭스에서 미디어를 시청하고 나면 시청자의 취향을 분석해 다음에 보고 싶어 할 만한 영화를 추천해준다. 결과로 증명해보이고 난 뒤에는 전적으로 믿을 수밖에 없던 'SKY 캐슬'의 김주영 선생처럼, 넷플릭스가 추천해준 영화를 몇 편 보고 나면 자신도 모르는 사이 넷플릭스를 전적으로 믿게 된다.

영화관에서 영화를 관람하고 비용을 결제하는 것에 비해 저렴한 요금만 지불하면 보고 싶은 영화를 마음껏 시청할 수 있게 해준다는 건 참 놀라운 일이다. 게다가 영화관처럼 매번 상영이 끝날 때마다 상영관을 청소하고 관리하며 인력을 재배치하는 데 쓰이는 비용도 발생하지 않으니 제공자인 넷플릭스에서도 훨씬 경제성 있는 비즈니스가 가능한 셈이다.

즉 소비자 측면에서는 가성비 높은 구독경제가 실현되고, 제공자인 넷플릭스 측에서는 영화 한 편이 더 상영된다고 해서 비용이 더 발생하는 것이 아니기에 운영의 효율성과 고객의 만족을 동시에 달성할 수 있다.

넷플릭스와 동일하게 온라인상에서 영상을 제공하는 유튜브는 동영상을 시청할 수 있다는 의미에서는 넷플릭스와 비슷하다. 하지만 엄연히 다른 비즈니스 모델을 가지고 있다. 유튜브는 영상 제공자인 크리에이터가 자유롭게 영상을 만들어 올리고, 그 영상을 시청하고 싶은 시청자에게 전달한다. 유튜브는 단지 제공자와 시청자 사이의 만남의 광장이 되어주는 것뿐이다.

반면 넷플릭스는 영화를 직접 선별하고 계약하여 가입자의 취향에 맞게 제공하는 역할을 하고 있다. 넷플릭스의 선택을 받지 못하면 영상을 업로드하지 못하고, 이용자도 보지 못하는 것이다.

구글의 안드로이드와 애플의 IOS라는 스마트폰 운영체제에도 이 같은 차이가 있다. 유튜브처럼 높은 개방성을 띄고 있는 운영체제인 안드로이드는 개발자가 개발한 어플리케이션을 업로드하는 즉시 모든 유저에게 개방되며 바로 다운로드받아 사용할 수 있다. 반면 아이폰의 운영체제인 IOS는 개발자가 개발한 어플리케이션을 업로드하려면 오랜 시간이 소요되는 애플의 심사를 거쳐야 한다. 만약 그 어플이 애플의 운영 취지에 부합하지 않는다고 결정되면 반려되는 경우가 많다.

표면적으로 본다면 넷플릭스는 애플의 IOS처럼 폐쇄적인 형태를 띄고 있다. 하지만 고객이 원하는 바를 정확히 파악하고 다음을 예측하여 행동한다는 점에서 김주영 선생과 비슷한 '미디어 코디네이터'인 셈이다.

선택의 폭이 넓으면 그만큼 고민하는 시간이 길어지고, 결국 비즈니스에서 원하는 목적을 달성하기만 힘들어진다. 넷플릭스는 유튜브와 비교해 다소 폐쇄적이고 보다 직설적인 서비스 형태를 갖췄지만, 고객들은 그런 넷플릭스에 더욱 빠져들고 있다. 드라마 'SKY 캐슬'의 김주영 선생을 사람들은 어떤 시각으로 봤을지 모르지만, '나에게도 저런 선생님이 있었다면 좋겠다.'라고 생각했던 사람이 의외로 많았던 것 같다. 미디어계의 김주영 선생을 방불케 하는 넷플릭스 서비스가 이토록 많은 사랑을 받고 있다니 말이다.

남들과 다른 발상에서 찾은 성공의 기회

마켓컬리경제학

2015년, 새로운 개념의 식품 배송회사가 출현했다. 바로 마켓컬리다. 단순히 식품 판매자와 구매자를 연결해주는 인터넷 쇼핑몰이 아니라 모든 상품과 주문을 직접 처리하며 싱싱한 상태로 배송해주는 서비스 유통업체이다.

사람들은 그동안 구매자와 판매자를 연결해주는 오픈마켓 서비스에 익숙해 있었다. 11번가, 옥션, G마켓 등으로 대표되는 국내 오픈마켓은 구매자와 판매자 사이의 가교역할만을 해줄 뿐 제품의 상태나 품질에 있어서 직접 책임을 지지 않고 있다. 만약 배송과정에서 상품이 파손되거나 식품이 상하는 등 민감한 문제가 발생했을 때 오픈마켓은 판매자에게 책임을 묻거나 배송의 잘못을 추궁하면 되는 형식이었다. 여기엔 합당한 논리와 정당한 계약관계가 설정되어 있기 때문에 우리는 그동안 이런 문제처리방식을 일반적으로 여겼다. 하지만 마켓컬리는 주문접수부터 시작해 상품의 신선도 유지, 안전한 배송과 함께 배송 도착시간까지 모두 철저히 지키며 비즈니스를 한다. 이 서비스로 마켓컬리는 국내 스타트업 강자의 반열에 오르는 데 성공했다.

마켓컬리는 당일 받은 주문을 처리하여 무조건 다음 날 아침 7시 이전까지 구매자의 집 앞에 배송 완료하는 것을 비즈니스의 기본 구조로 삼고 있다. 마켓컬리가 깐깐하게 선별하였기에 믿고 구매할 수 있는 재료라는 점과 신선도 보장까지 더해져 업체는 신뢰도와 함께 시장점유율을 점점 높이며 승승장구하고 있다. 코로나19로 인해 판매자가 어떤 상품을 어떻게 보낼지 의심이 앞서는 오픈마켓의 경우와 달리 마켓컬리는 브랜드 자체에 신뢰를 더해가며 좋은 브랜드 이미지를 구축해나가고 있다.

그동안 오픈마켓의 대결 구도는 단연 가격이었다. 동일상품을 누가 얼마나 더 싸게 판매하느냐, 어떤 할인 카드로 어떤 혜택을 제공하느냐가 경쟁의 핵심이었다. 그래서 뒤늦게 오픈마켓에 진입한 업체들은 가격경쟁력에만 신경을 쓰면 되었다.

마켓컬리는 오픈마켓과 다른 발상으로 다른 판을 짰다. 그 때문에 다른 오픈마켓과 경쟁 구도 자체가 성립되지 않는 독보적이고 독자적인 생태계를 만들어냈다. 마켓컬리의 핵심 경쟁력 중에는 오늘 판매될 제품을 1주일 전에 미리 예측해두고 주문을 받자마자 바로 새벽배송을 실시하는 큐레이팅이 있다.

마켓컬리는 매입해온 제품은 무조건 다 팔아야만 되는 비즈니스 구조이다. 따라서 처리할 수 있는 만큼만 주문받고 접수된 주문은 다음날 오전 7시 이전까지 무슨 일이 있어도 꼭 배송해준다. 가격과 편의성으로 승부를 걸지만 배송은 장담할 수 없던 기존 오픈마켓의 서비스와 달리 마켓컬리는 상품의 품질에 대한 신뢰와 약속시간을 지켜주는 믿음으로 서비스를 이어간다.

전복주문이 들어와 전복을 배송해야 하는 경우를 예로 들어보자. 살아있는 상태의 전복을 고객에게 배송하기 위해 마켓컬리는 묘안을 짠다. 산지를 떠난 전복은 냉장 물류인 콜드체인으로 이동해도 24시간밖에 생존할 수 없다. 혹시라도 중간에 스트레스를 받게 되면 기절해버린다. 소비자들이 죽어 있는 전복을 받게 되면 실망하므로 마켓컬리는 살아있는 상태로 소비자에게 배송한다. 이 점이 마켓컬리의 핵심 경쟁력이며 다른 업체가 쉽게 따라 하기 힘든 부분이라고 마켓컬리 김슬아 대표는 말한다.

새로운 발상이 대중들에게 받아들여지기까지는 많은 시간이 걸린다. 하지만 한번 받아들여지고 난 이후에는 새로운 시장의 표준으로 자리매김할 수 있다. 미국 최대의 항공물류 기업인 페덱스의 창업자 프레드릭 스미스Frederick Smith는 미국 예일대학 경제학과를 다니던 시절, 미국 전역의 배송 물품을 중심허브로 집결한 뒤 분류해서 각지로 다시 배송하는 페덱스의 창업 아이템을 과제물로 제출했다. 하지만 실행 가능한 아이디어가 아니라는 이유로 학교에서 D학점을 받았다.

페덱스는 야간에 화물을 운반하여 미국이라는 넓은 땅에 익일 배송 시스템을 갖춰냈다. 이러한 노력은 고객의 마음을 얻는 데도 성공했다.

기존 업계와 완전히 차별화된 운송 시스템의 혁신은 성공의 지름길이자 택배 배송의 새로운 표준이 되어 국내의 많은 택배사도 참고하게 만들었다. 국내 많은 택배사도 접수된 택배 물품을 대전 등 중간 허브에 집결시킨 뒤 각 도시로 배분하는 페덱스의 비즈니스 모델을 따르는 경우가 많다.

낮 시간에 비해 운행량이 적은 밤 시간을 활용해 배송하는 것은 경쟁력을 높이고 경제성을 확보하는 길이다. 페덱스는 D학점에 그쳤던 창업아이디어를 포기하지 않고 살려내 큰 성공을 거뒀다. 새벽 시간, 고객의 현관 앞에 믿음을 배송한다는 마켓컬리 김슬아 대표의 말처럼 고객의 신뢰를 얻는다는 건 비록 어렵지만 반드시 넘어가야 할 산이다. 시장은 무궁무진하며 빈틈은 있게 마련이다. 새롭고 혁신적인 공략법을 찾아보자.

독점과 성장, 그리고 대세

카카오톡경제학

백화점 내 푸드코트에 가면 메뉴를 고르는 데 한참을 고민하게 된다. 선택할 수 있는 메뉴가 너무 많기 때문이다. 반면 소문난 유명 맛집을 방문하면 자리에 앉는 순간, 몇 인분을 주문하겠느냐는 질문부터 받는다. 대부분의 맛집은 푸드코트처럼 많은 메뉴를 준비하지 않고, 정말 자신 있는 메뉴 딱 하나만을 집중해서 만들고 판매하기 때문이다.

사람들은 푸드코트를 방문하여 꼼꼼히 메뉴를 선정할 때보다 한 종류의 음식밖에 먹을 수 없는 소문난 맛집에 대해 더 높은 만족도를 보인다. 다양성 속에서 고민하기보다 답을 먼저 내리고 복잡한 생각을 하지 않게 해주는 편을 더 선호하는 까닭이다. 게다가 "나를 제외한 모든 사람이 이것을 사용하고 있다."라는 말을 들으면 나도 모르게 그걸 선택하게 된다. 바로 "나 빼고 다 쓴다."라는 설명 자체가 선택의 고민으로부터 해방시켜주는 셈이다.

스마트폰이 대중화되던 초창기 시절 카카오톡은 문자전송의 무료화를 선도하며 마케팅을 펼쳤다. 앱 출시 직후 초창기의 카카오톡은 가입자가 얼마 없어서 내가 가입해도 다른 사람과 소통하기 힘들었다. 하지만 카카오톡이 대중화되며 사용자가 천만 명, 2천만 명을 넘기기 시작

하자 한 건당 20원의 이용료를 내는 문자SMS의 사용은 구시대의 유물처럼 여겨지게 되었다.

일찍이 국내 메신저 시장을 선점한 카카오톡은 카카오내비, 카카오게임즈를 인수하며 메신저를 넘어 각종 서비스를 장악하는 카카오왕국을 건설했다. 국내 인터넷 포털의 조상 격인 다음DAUM과의 인수합병을 통해 '다음·카카오DAUM·Kakao'라는 회사가 만들어졌다. 하지만 국민이 카카오라는 이름에 더 열광한다는 걸 깨달은 경영진은 회사명을 다음·카카오가 아닌 '카카오Kakao'로 통합·변경하게 된다.

다음이 카카오를 인수한 걸까, 아니면 카카오가 다음을 인수한 걸까? 충분한 자본력을 갖춘 다음이 적자 생존하던 카카오를 인수하여 다음·카카오를 만든 것인데, 아이러니하게도 합병된 회사의 이름은 카카오가 되었다. 만약 이 둘의 인수합병 과정을 이해하지 못한 사람이 본다면 카카오가 다음을 인수한 것으로 여길 수도 있는 노릇이다.

카카오와 비슷한 시기에 등장한 네이버의 메신저 라인LINE은 카카오톡에 고객을 모두 빼앗겨버린 상태에서 국내시장에 쉽사리 안착하지 못했다. 하지만 라인은 국외에서 호평을 받으며 일본, 태국 등 해외시장의 국민 메신저로 등극했다. 카카오톡은 오직 대한민국에서만 쓰고 있을 뿐 주변 국가들은 대부분 우리나라에서 만든 라인을 사용하는 것이다.

홍대입구역에 가면 재미있는 현상을 볼 수 있다. 큰길을 사이에 두고 한쪽에는 카카오프렌즈샵이, 다른 한쪽에는 라인프렌즈샵이 들어서 있다. 그런데 카카오프렌즈샵에는 국내 관광객들만 북적일 뿐 해외 손님은 찾아보기 힘들다. 반면 라인프렌즈샵에는 해외에서 온 관광객들로 북적인다. 두 상점 모두 우리나라 기업이 만든 메신저 기프트샵임에도 불구하고 한쪽은 우리나라 사람만, 반대쪽은 외국 사람만 찾는 신기한 현상이 벌어지고 있는 것이다.

우리는 스마트폰이 없으면 아무것도 할 수 없는 시대에 살고 있다. 스마트폰에서 카카오톡을 사용할 수 없다면, 그 또한 무의미하다고 할 정도로 카카오톡은 우리 생활 깊숙이 침투해 있다. 대한민국 국민은 대부분 카카오톡 체제를 이용하고 있기에 카카오의 다음 행보를 기대하며 응원한다. 그 덕분일까? 2020년 6월 카카오의 시가총액은 23조를 돌파하며 국내 최대 재벌기업인 현대자동차의 시가총액을 뛰어넘는 기염을 토했다.

이제 카카오는 국민의 신뢰를 받으며 성장해나가는 브랜드가 되었다. 이런 모습이라면 국민은 앞으로 카카오의 사업 확장을 더 기대하게 될 것이다.

모두에게 인정받기보다
한 명에게 사랑받으려 노력하라

배달의민족경제학

우아한 형제들의 김봉진 대표가 2013년 6월 공개한 '배달의 민족 브랜드 마케팅 이야기'를 보면 '모든 일의 시작은 정의를 내리는 것으로부터'라는 문구가 나온다. 그러면서 배달음식에 대해 '사랑하는 사람들과 나누는 행복한 시간'이라고 정의를 내렸다.

김봉진 대표는 "마케팅에 2등이란 없다!"라는 슬로건을 내세우며 샴푸 시장에서 1위 할 수 있는 방법을 설명했다. 그 내용을 보면 만약 샴푸 시장에서 1위를 할 수 없다면 '비듬 샴푸 시장에서라도 1위'를 하면 되고, 그것도 안 되면 '고등학생 비듬 샴푸 시장에서 1위'를 하면 되고, 이마저도 범위가 넓어 힘들다면 '서울지역 2학년 남자 고등학교 비듬

샴푸 시장에서 1위'를 하면 되고 그래도 안 된다면 '서울지역 2학년 남자 고등학교 중 가계 소득 상위 20% 이상 가구 비듬 샴푸 시장에서 1위'를 하면 된다고 설명하고 있다.

김봉진 대표는 이렇게 억지로라도 1등을 하고 나면 자신감이 부여되고 타깃을 명확히 잡을 수 있게 된다고 말한다. 그는 '행복한 시간'으로 정의 내린 '배달음식'에 대해 '20대 대학생', '홍대 문화', 'B급' 등의 키워드를 덧붙이며 배달의 민족 정체성을 확립해나갔다.

"고객을 만족시키려면 직원을 먼저 만족시켜라!"는 문구로 배달의 민족을 운영하는 우아한 형제들이 얼마나 행복한 마인드로 일하고 있는지를 넌지시 알려준다. 그들은 '배달의 민족스러운' 것을 지속해서 연구하며 브랜드의 정체성을 공고히 하고 있다.

배달의 민족은 '한나체', '주아체'와 같은 배달의 민족만의 전용 서체를 디자인하여 모든 사람이 저작료 없이 무료로 사용할 수 있게 했다. 그 서체를 이용해 더욱 배달의 민족스러운 재미있는 문구들을 만들고 배포했다. 따라 하는 업체에도 아무런 제재를 가하지 않았다. 그 모습을 보고 오히려 "배달의 민족스러움이 사람들에게 잘 전달되고 있구나."라고 말하며 좋아한다.

현대카드는 현대자동차의 자회사로 출발해 현대차의 로고를 그대로 사용하면서 별다른 특징을 보여주지 못했다. 하지만 정태영 사장이 CEO로 부임하면서 브랜드 정체성을 확고히 다져나가기 시작했다. 2003년 현대카드만의 전용 서체인 You&I 서체 개발에 성공했고, 누구든지 이 서체로 쓰인 문구를 보는 즉시 "아! 현대카드구나!"라고 인식하게 만들었다. 하지만 현대카드는 You&I 서체의 저작권을 대중에게 오픈하지 않았다. 그들만 독자적인 사용을 이어가며 고결한 브랜드 이미지 정체성을 확보하고 있다.

서체로 브랜드의 정체성을 확립하는 데 성공했다는 점에서 현대카드와 닮아 있는 배달의 민족은 B급 문화와 키치함을 추구한다. 브랜드의 성격 때문에 대중들과 담을 쌓지 않는 편안한 이미지를 구축하고자 노력한 것이다. 이를 통해 너도나도 배달의 민족 서체를 즐겨 쓰도록 하는 데 성공했다. 이런 노력은 배달의 민족 앱에 대한 친밀감 형성으로 이어지도록 만들어 명실상부한 국내 최대의 배달 앱이 되었다.

배달의 민족은 “어떻게 해야 고객과 잘 놀 수 있을까?”를 끊임없이 연구하며 B급 문화를 더욱 발전시키며 ‘배민신춘문예’, ‘치믈리에 자격시험’ 등의 재미있는 요소를 만들었다. 급기야 ‘치믈리에’라는 단어를 네이버 국어사전에 등재시키는 기염을 토했다.

배달의 민족은 애당초 타깃을 정할 때 ‘배달음식의 주문당사자’를 조사했다고 한다. 그 결과 조직의 리더보다는 막내가, 팀장보다는 팀원이 주문을 행동으로 옮긴다는 점을 알게 되었다. 그들의 연령대가 20~30대 초반의 사회초년생이라는 점을 파악해 그들에게 익숙한 홍대 문화와 B급 감성으로 브랜드 아이덴티티를 정립했고, 이제는 모든 연령대에게 사랑받는 브랜드가 된 것이다.

하지만 배달의 민족은 20~30대를 넘어 더 넓은 연령대로 타깃을 확장해나갈 계획이 없다고 밝혔다. 모든 사람을 만족시키려고 하면 아무도 만족할 수 없고, 한 사람을 제대로 만족시키면 모두가 만족한다는 걸 깨닫게 되었다고 말하는 배달의 민족! 그들은 연말이면 '센스상', '신뢰의 배달상'과 같은 상장을 만들어 파트너사에게 수여한다. 본인이 즐거워서 하는 그들의 문화는 웬만해서는 막을 수 없을 듯하다.

카드회사는 절대
카드만 만들지 않는다

현대카드경제학

현대카드는 2013년부터 2017년까지 서울에만 총 4개의 복합문화공간인 현대카드 라이브러리를 설립했다. 카드회사의 마케팅은 할인이나 적립 등 고객이 얻을 수 있는 혜택에 관한 것이어야 할 텐데, 그 발상을 뒤엎고 독자적인 판을 새로 짠 것이다. 그들은 디자인이 회사의 정체성을 가장 잘 드러낼 수 있으며 경쟁력이 있다고 여기고 디자인 경영을 펼쳤다. 그 결과 브랜드의 이미지와 정체성을 설명할 수 있는 공간인 현대카드 라이브러리를 이용자들에게 제공한 것이다.

총 2만여 권의 디자인 전문서적을 보유하고 있는 디자인라이브러리, 1만 4천여 권의 여행 관련 도서를 보유한 트래블라이브러리, 희귀 LP

앨범과 함께 4천여 권이 넘는 관련 서적을 보유한 뮤직라이브러리, 그리고 미각과 촉각 등 오감을 체험하며 직접 요리를 실습해볼 수 있는 쿠킹라이브러리까지 일반 카드회사로서는 생각하기 힘든, 카드매출과 직접적인 연관성이 없어 보이는 무료입장 도서관에 현대카드는 대담한 투자를 이어갔다.

현대카드가 선보인 총 4곳의 라이브러리는 각기 다른 형태의 복합문화공간이며 디자인, 음악, 여행, 요리 등 서로 중첩되지 않는 분야별 특성을 지니고 있다. 현대카드가 각기 다른 네 개의 분야마다 누구나 찾

아올 수 있고, 관련된 정보를 얻을 수 있는 라이브러리를 만들었으니 통합적 정보 제공자로서 입지를 굳히게 되었다. 그리고 각 분야마다 전문적 지식을 제공함은 물론이며 공간 내에서 여러 문화적 가치를 전달하고 있다는 점은 현대카드를 해당 분야에서 더욱 상징적인 존재로 부각시키고 있다.

현대카드는 오래전부터 세계적인 테니스 선수 마리아 샤라포바를 초대하여 화려한 경기를 볼 수 있게 하거나 전설적인 뮤지션을 초청해 슈퍼콘서트를 개최하는 등 문화사업에 지속적으로 앞장서 왔다. 실제로 슈퍼콘서트 티켓 구매의 70%가 현대카드로 이뤄졌다는 기록은 문화를 향한 그들의 노력이 카드매출로 연결되어 더 많은 고객을 생산해내고 있다는 것을 증명한다.

현대카드는 브랜드 이미지의 독보적 정체성을 부여한 독자적인 서체 개발과 더불어, 전월 실적과 상관없이 할인해주는 '현대카드 ZERO'를 직관적인 아이디어로 개발해냈다. 새로운 발상으로 새로운 틀을 짠 현대카드는 기존 카드사와의 경쟁 구도에서 벗어나게 되었다. 하지만 이내 다른 카드회사도 부랴부랴 서체를 개발하고 조건 없는 할인 카드를 만들며 따라오자 새로운 경쟁 구도의 창시자가 되는 결과를 초래했다.

현대카드가 브랜드 아이덴티티를 정립해나가는 과정에서 빼놓을 수 없는 것이 '현대카드M'의 개발이다. 다양한Multiple을 의미하는 알파벳 카드를 만든 것이다. 곧이어 현대카드SShopping, 현대카드UUniversity 등 알파벳 카드의 라인업을 구축하며 현대카드가 제안하는 라이프스타일 서비스를 펼쳐가고 있다.

삼성카드는 '삼성카드5', '삼성카드3' 등 숫자를 붙인 숫자 카드의 라인업을 구축하며 현대카드를 추격했다. 현대카드는 새로운 판을 짰음에도 불구하고 또다시 새로운 경쟁구도의 창시자가 되어버린 것이다. 이는 마치 S클래스, E클래스 등 자동차 모델을 알파벳으로 분류하는 메르세데스 벤츠와 5시리즈, 7시리즈 등 숫자로 분류하는 BMW와의 관계처럼 서로 다른 표현 방식으로 자사의 디자인 가치를 어필하는 관계 구도이다.

마켓컬리는 오픈마켓과 같은 플랫폼에서 경쟁하지 않고 새로운 틀을 만들어 스스로와 경쟁할 수 있었고 성공반열에 오를 수 있었다. 현대카드 역시 새로운 발상으로 카드상품을 개발하지만 카드산업의 특성상 이내 추격자들에 의한 경쟁 구도가 마련되고 만다.

하지만 카드가 아닌 문화 관련 산업에서 현대카드의 움직임을 위협할 만한 경쟁상대는 아직 나타나지 않고 있다. 문화산업의 수단(신용카드)이 아닌 주체자로서 카드회사 경쟁 구도의 판을 다시 짜본다면 현대카드는 아마도 독보적인 위치에 머물게 될 것이다.

소비자는 냉장고보다 가구를 더 원한다

디자인믹스경제학

경영학 용어 중에 마케팅 믹스marketing mix가 있다. 마케팅 목표를 효과적으로 달성하기 위해 여러 방법을 균형 잡히도록 조정하고 구성하는 일을 말한다.

아날로그에서 벗어나기 위해 온몸 다해 디지털 문화를 개척해온 X세대와 Y세대를 넘어 이제는 잘 구축된 디지털 사회에서 자라온 Z세대가 시대의 주축이 되어가고 있다. 디지털에 익숙지 않지만 적응하려 노력했던 X세대와는 달리 Z세대는 어릴 적부터 디지털 장비와 어울려 지내왔고 자유롭고 자연스러운 인터넷 소통 속에서 지낸다.

김도연 서울대학 명예교수는 동아일보 칼럼에서 'X세대의 부모'가 'Z세대 자녀'를 위해 디지털 세계로 이민 온 덕분에 Z세대 자녀들은 디지털 원주민처럼 생활하게 되었다고 표현했다. 이민 후 아무리 노력해도 모국어의 억양이 남는 부모처럼 X세대는 그렇게 디지털 세계로 넘어와 아날로그의 향수를 그리워하며 뉴트로New+Retro 문화에 크게 반응한다.

사람들과 적극적으로 어울리기보다 개인적이며 독립적인 성향을 띄고, 컴퓨터와 모바일 생활에 더 많은 시간을 보내는 Z세대는 MBC 프로그램 '나 혼자 산다'와 같이 혼자 사는 문화에 빠르게 젖어 들며 더욱 독립적인 생활을 꿈꾼다.

젊은이들의 독립된 생활을 독려하는 차원에서 개발된 LG전자의 의류 관리기 '스타일러'는 세탁기에 넣기에는 아직 입을 만한데, 그렇다고 다시 입기에는 좀 찝찝한 옷을 깨끗하게 관리해주는 개념의 가전이다. 이는 딤채가 세상에 존재하지 않던 김치냉장고를 최초로 개발하며 대한민국에 김치냉장고 시대를 열어준 것과 비교할 수 있다. 딤채가 집집마다 김치냉장고 한 대씩을 들여놓도록 마케팅해준 덕분에 이후 지어지는 아파트의 건축구조마저도 김치냉장고 자리를 추가로 고려해 짓도록 변형시켜낸 것처럼 LG전자의 스타일러도 생활 속에 새로운 필요가치를 디자인해냈다.

삼성전자의 비스포크는 자신이 원하는 컬러를 선택해 가구의 일부로 냉장고를 배치하도록 디자인되어 가전업계에서 큰 주목을 받았다. 더욱 주목할 점은 비스포크의 마케팅에서 냉장고의 '기능'이 언급되지 않는다는 것이다.

냉장고와 세탁기처럼 덩치 큰 가전제품은 쉽게 사고파는 물건이 아니기 때문에 기능과 디자인은 물론 나에게 꼭 필요한 제품인지를 꼼꼼히 따져보고 구매한다. 그래서 세탁기 업체는 청결함과 함께 모터의 회전력, 얼마나 적은 소음으로 빨래가 가능한지를 드러내며 마케팅한다.

마찬가지로 냉장고 역시 얼마나 낮은 전력으로 작동이 가능한지, 냉장고 문을 열지 않고도 편리하게 수납이 가능한지, 더불어 냉장·냉동의 힘은 얼마나 우수한지, 또 악취는 얼마나 잡아주는지 등 냉장고가 보여줄 수 있는 스마트한 기능에 대한 설명을 다하기에도 시간이 부족한 광고를 찍어왔다. 그런데 삼성전자의 비스포크는 기능에 대한 언급이 없고 이 냉장고를 사면 집안의 인테리어에 이득이 된다, 내가 원하는 컬러를 배합해 내가 직접 디자인한 제품을 구매할 수 있다는 등의 공간디자인적이며 DIY적인 마케팅을 펼치고 있다.

프리미엄 침대브랜드 시몬스는 '흔들리지 않는 편안함'이라는 문구만을 내세우며 침대가 나오지 않는 광고를 찍어 TV에 방영했다. 시몬스가 서울 성수동에 오픈했던 팝업스토어인 '하드웨어 스토어'에서도 침대와 관련된 제품은 전혀 찾아볼 수 없다. 그저 사람들이 좋아할 만한 인테리어 소품과 '시몬스'가 레터링된 공구들만 판매할 뿐이다. 침대가 없는 침대회사의 스토어이지만 사람들은 열광했고 그곳을 방문하기 위해 길게 줄을 섰다.

시몬스는 분명히 TV에서 침대광고를 했지만 사람들은 침대를 보지 못했다. 삼성전자는 비스포크라는 냉장고를 광고했지만 시청자의 머릿

속엔 냉장고가 아닌 가구 광고를 본 것 같은 잔상이 남는다.

삼성전자가 냉장고 아닌 냉장고 광고를 만들고, 시몬스가 침대 없는 침대광고를 만들고, LG전자는 세탁기 아닌 세탁기기를 디자인한 이유는 어쩌면 기존의 방식만으로는 채워질 수 없는 현세대의 갈급함이 존재하고 있기 때문은 아닐까?

시대는 분명 변화하고 있다. 하지만 대한민국 Z세대의 행복지수는 세계 최하위권이라는 결과가 영국의 한 교육단체 조사로 발표된 바 있다. 더불어 2018년 국내 언론사가 실시한 "우리나라는 행복한 국가인가?"라는 조사에서도 Z세대인 20대 청년들은 3명 중 1명만 행복한 국가라 답했다. 반면 X세대인 40대는 절반 정도가 행복한 국가라고 답했다.

4차 산업혁명의 진행으로 인해 기존의 직업군이 없어지기도 한다. Z세대는 미래를 위해 뭘, 어떻게, 왜 준비해야 하는지 갈등하며 힘들어한다. Z세대는 물질적으로 가장 풍요로움을 누리고 있는 세대이며, 그 어떤 세대보다도 디지털 문화에 익숙한 선진화된 삶을 살고 있다. 하지만 이것만으로는 행복에 이르지는 못한다.

먼저 자기 생활에 만족감을 높여야 한다. 자신이 진심으로 원하는 일에 매진하고 성취감을 느낄 때 가능한 일이다. 남다름을 두려워하지 말고 도전해보자. 실패가 두렵다면 그 두려움만큼 열심히 하면 된다. 시행착오를 줄이기 위해 최선을 다하고 목표로 가는 과정을 즐기자. 행복한 삶에 대한 해답이 거기에 있다.

[참고문헌]

국내 서적

김진택 지음, 《가치를 디자인하라》, 한국경제신문, 2017

김윤지 지음, 《박스오피스 경제학》, 어크로스, 2016

이완배 지음, 《경제의 속살1》, 민중의소리, 2018

다르시니 데이비드 지음, 박선령 옮김, 《1달러의 세계 경제여행》, 센시오, 2020

로저 마틴 지음, 현호영 옮김, 《디자인 씽킹 바이블》, 유엑스리뷰, 2018

새뮤얼 보울스 지음, 박용진·전용범·최정규 옮김, 《도덕경제학》, 흐름출판, 2020

마이클 샌델 지음, 안기순 옮김, 《돈으로 살 수 없는 것들》, 미래엔, 2012

서정교 지음, 《문화경제학》, 보문각, 2013

이재훈 지음, 《25세, 청년CEO 100억 신화》, 글로세움, 2010

김동욱 지음, 《요즘 애들에게 팝니다》, 청림출판, 2020

다르시니 데이비드 지음, 정덕식, 김재현 옮김, 《1달러의 세계 경제 여행》, 센시오, 2020

이호리 도시히로 지음, 신은주 옮김, 김미애 감수, 《30분 경제학》, 길벗, 2016

이학연 지음, 《경영을 넷플릭스 하다》, 넥서스, 2020

홍성태 지음, 《배민다움》, 북스톤, 2016

김성철 지음, 《현대카드에는 분명한 이유가 있다》, 21세기북스, 2013

팀 스테이플스·조시 영 지음, 이윤진 옮김, 《유튜브 7초에 승부하라》, 매일경제신문사, 2020

발터 슈미트 지음, 문항심 옮김, 《공간의 심리학》, 반니, 2020

사피 바칼 지음, 이지연 옮김, 《룬샷》, 흐름출판, 2020

국내 기사

"기타를 팔던 '펜더'는 어떻게 디지털기업이 됐나", 매일경제, 2020년 4월 16일

"길 건너니 또 편의점, 점포수 경쟁에 팽개쳐진 자율협약", 매일경제, 2020년, 4월 20일

"배민의 수수료 논란, 독점의 폐해인가:, 매일경제, 2020년 4월 11일

"배달업계 전례없는 호황, 쿠팡 지난달 결제 1조6300억", 동아일보, 2020년 3월 18일

"BC는 싹 잊어라, 모든 것 디지털화될 것", 매일경제, 2020년 4월 8일

"치열한 경쟁 속 몸에 밴 혁신 리더십, '인도 최고 수출품은 CEO'", 동아일보, 2020년 2월 14일

"28세 잡스 만난 이병철 'IBM에 맞설 인물'", 동아일보, 2020년 3월 24일

"오바마가 에볼라를 이겨냈던 3가지 비법", 동아일보, 2020년 2월 25일

"비행기 밖에서 먹는 기내식... 부대사업으로 고공비행", 동아일보, 2020년 1월 31일

"입장료 5만원... '럭셔리 도서관'의 실험", 매일경제, 2020년 3월 20일

"까다로워지는 고객...'2만가지 커피'만들 듯 해야", 동아일보, 2020년 3월 11일

"호텔이 집이 되는 시대", 매일경제, 2020년 3월 14일

"꿈꾸던 재택근무? 일-생활 구분 안하면 '악몽'", 동아일보, 2020년 4월 8일

"세계적 디자이너 톰 브라운, 삼성전자와 협업 소회 밝혀", 매일경제, 2020년 3월 9일

"명함을 먼저 꺼내면...잘못된 네트워킹, 마음을 먼저 꺼내야...올바른 네트워킹", 매일경제, 2020년 2월 13일

"편의점 입지, 유동인구는 기본 주차된 수입차도 꼼꼼히 확인", 매일경제, 2020년 4월 13일

"쇼핑-서비스 기능 축소된 도시...'만나고 경험하는 공간'으로 재탄생", 동아일보, 2020년 4월 2일

"짜파구리·코로나효과...농심 영업익 23% 늘 듯", 매일경제, 2020년 3월 9일

"이케아, SK D&D와 원룸형 인테리어 공략", 매일경제, 2020년 2월 4일

"홍대, 새 기숙사·복합문화시설 짓는다", 매일경제, 2020년 3월 25일

"유·무일 하이브리드 매장으로 인건비 부담 덜고 매출은 '쑥'", 매일경제, 2020년 3월 9일

"매장인 동시에 물류센터… 온·오프 옴니채널 실험 본격화", 매일경제, 2020년 3월 24일

"소매업의 종말", 동아일보, 2020년 2월 15일

"5년간 매주 300가지 시식…새벽 현관 앞에 믿음을 배송했죠", 매일경제, 2020년 5월 22일

"대한민국 Z세대의 불행과 기회", 동아일보, 2020년 5월 21일